Gruppen bilden
Teamgeist entwickeln
Kraft tanken

Übungen für das Kooperative Lernen

Ludger Brüning / Tobias Saum

Gruppen bilden. Teamgeist entwickeln. Kraft tanken.
Übungen für das Kooperative Lernen

Autoren: Ludger Brüning, Tobias Saum

Illustrationen: Katharina Pacyna, Münster

Grafik: Bernd Speckin, Mülheim a. d. Ruhr

Lektorat: Gerhild Werner, Wolfenbüttel

Neue Deutsche Schule Verlagsgesellschaft mbH
Nünningstraße 11
45141 Essen
Fon 0201 2940306
Fax 0201 2940314
mail: info@nds-verlag.de
www.nds-verlag.de

ISBN 978-3-87964-316-5

Inhalt

1. Gute Beziehungen im Klassenraum

Strahlende Gesichter, begeisterte und einander zugewandte Schüler, engagierte Gespräche – welcher Lehrer wünscht sich das nicht in seinem Unterricht? Eine positive Atmosphäre und gute Beziehungen im Klassenraum – das hängt nicht vom Zufall ab. Schüler, die bereit sind, mit allen anderen zu arbeiten, ganz gleich, wer mit am Gruppentisch sitzt – das muss keine Vision bleiben. Energie und Konzentrationsvermögen auch noch zu Beginn der 6. oder 8. Stunde – selbst das ist möglich. Und man kann all dies erreichen, ohne die anderen Ziele des Unterrichts zu vernachlässigen.

Wie das möglich ist, wird in diesem Buch mit einer Vielzahl von Übungen gezeigt. Diese sind genau auf den Unterricht zugeschnitten. Denn Übungen, um gruppendynamische Prozesse anzuregen, gibt es viele, doch die meisten passen nicht in den Unterricht mit seinen speziellen Bedingungen: wenig Zeit und volle Lehrpläne, wenig Platz, enge Räume usw. Die hier vorgestellten Übungen benötigen dagegen oft wenig Zeit, können mit Gruppentischen problemlos durchgeführt und auch mit Unterrichtsinhalten verbunden werden.

In fast allen Arbeitszusammenhängen müssen Menschen miteinander arbeiten, ohne dass sie ihre Kolleginnen und Kollegen selber aussuchen können. Das ist nicht immer einfach, sondern im Gegenteil manchmal eine große Herausforderung. Aber nicht allein vor dem Hintergrund der Anforderungen der modernen Arbeitswelt ist es notwendig, dass die Heranwachsenden in die Lage versetzt werden, gelingende Beziehungen auszubilden. Das Zusammenleben in der Familie, die Pflege von Freundschaften oder ehrenamtliche Arbeit in Vereinen oder Parteien verlangen von uns allen, miteinander tragfähige Beziehungen aufzubauen. Und für die erfolgreiche Arbeit mit den Schülerinnen und Schülern sind belastbare Beziehungen in der Klasse eine Grundvoraussetzung. Daher sind die Bildung von

Gruppen und die Entwicklung von Arbeitsbeziehungen der Schülerinnen und Schüler an den Gruppentischen ganz zentral für guten Unterricht. Das vorliegende Themenheft möchte Sie dabei unterstützen, diese Erfordernisse in Ihren Klassen und Kursen herzustellen.

Zu Beginn werden Verfahren zur Bildung von Paaren und Gruppen vorgestellt (Kap. 2). Damit die Schülerinnen und Schüler lernen, mit jedem zusammenzuarbeiten, werden hier vor allem Verfahren zur Bildung von Zufallsgruppen vorgestellt. Am Ende des Kapitels wird aber auch auf weitere Möglichkeiten der gezielten Gruppenbildung eingegangen.

Es reicht jedoch nicht, Schülerinnen und Schüler per Zufall an einen Gruppentisch zu bringen. Damit sie in die Lage versetzt werden, miteinander zu arbeiten, empfehlen wir, nach der Bildung der Gruppen zunächst teambildende Aktivitäten durchzuführen. Dabei erhalten die Schülerinnen und Schüler in den neuen Tischgruppen die Gelegenheit, sich kennenzulernen. So fühlen sie sich einander mehr verbunden und werden zu einem Team, in dem sich die Mitglieder gegenseitig stärken (Kap. 3).

Diese Kennenlern-Aktivitäten haben oft gleichzeitig eine belebende Wirkung. Das ist gerade am Anfang von Arbeitsphasen, nach einer längeren Unterbrechung oder wenn die Schülerinnen und Schüler sich nach längerer Arbeit nicht mehr konzentrieren können, von nicht zu unterschätzender Bedeutung. Wir stellen zudem Übungen vor, deren Sinn vor allem die Belebung der Schülerinnen und Schüler ist (Kap. 4).

Alle Übungen können Sie leicht so verändern, dass sie auf den jeweiligen Unterrichtsinhalt zugeschnitten sind. An einzelnen Stellen machen wir dazu entsprechende Vorschläge.

Wer einmal begonnen hat, seinen Unterricht durch die hier vorgestellten kurzen Übungen zu bereichern und weitere Beispiele sucht, der findet in Veröffentlichungen zur Spiel- und Gruppenpädagogik eine unübersehbare Fülle weiterer Anregungen. Die vorliegende Zusammenstellung unterscheidet sich allerdings in einem wichtigen Punkt von diesen Veröffentlichungen: Hier werden nur solche Aktivitäten vorgestellt, die leicht in den schulischen Unterricht integriert werden können. Das heißt, sie sind in der Regel sehr schnell durchzuführen, benötigen keine besonderen Räume und keine oder wenige spezielle Materialien. Zudem verlangen unsere Vorschläge keine besonderen Vorkenntnisse, weder auf Seiten der Lehrpersonen noch bei den Schülerinnen und Schülern. Ferner sind die Übungen so strukturiert, dass sie auf das Kooperative Lernen mit dem Partner oder in der Kleingruppe unmittelbar vorbereiten und einem mehr oder weniger umfassenden Lernprozess vorgeschaltet bzw. in ihn immer mal wieder integriert werden können.

Wer die hier vorgestellten Übungen in die Unterrichtsdramaturgie des Kooperativen Lernens integrieren möchte, der findet dazu im 5. Kapitel einen Vorschlag. Wir zeigen in einer knappen Überblicksdarstellung, wie der Lernprozess schüleraktivierend aufgebaut werden kann und in welchen Phasen die hier vorgestellten Übungen durchgeführt werden können.

Wir wünschen Ihnen viel Erfolg bei der Umsetzung der Ideen!

2. Gruppen und Paare bilden

2.1 Zufallsgruppen

Kooperatives Lernen geht davon aus, dass grundsätzlich alle Schülerinnen und Schüler einer Klasse lernen, mit jedem anderen Klassenmitglied zu arbeiten. Denn vermutlich werden die meisten unserer Schülerinnen und Schüler nach dem Ende ihrer Schullaufbahn mit anderen Menschen gemeinsam arbeiten. Aber nur in den wenigsten Fällen besteht dabei die Möglichkeit sich auszusuchen, mit wem man arbeiten möchte. Denn weder die Vorgesetzten noch die Kolleginnen und Kollegen finden sich freiwillig zusammen. Dennoch sind alle gefordert, gemeinsam und zielgerichtet zu arbeiten.

Die Erfahrung im Unterricht oder die Rückmeldung aus Ausbildungsbetrieben beweisen aber, dass diese Kompetenz häufig nur unzureichend ausgeprägt ist. Aus Sicht des Kooperativen Lernens ist dies keine besondere Überraschung, herrscht doch im herkömmlichen Unterricht immer noch weitgehend die Einzelarbeit bzw. der lehrerzentrierte Unterricht vor.[1] Und selbst wenn einzelne Kollegen immer schon Gruppenunterricht durchgeführt haben, so konnten sich die Schüler bislang häufig ihre Gruppenmitglieder selbst aussuchen. Wie sollen die Schüler, die einen Großteil ihres Lebens in der Schule verbringen, die Qualifikation erwerben, mit Menschen zu kooperieren, die sie sich nicht ausgesucht haben?

Zufallsgruppen als Lerngelegenheit

Um immer wieder Gelegenheiten zu schaffen, in denen die Schülerinnen und Schüler lernen, eine Arbeitsbeziehung aufzubauen, sollte die Zusammensetzung der Tischgruppen nach Möglichkeit durch Zufallsauswahl geschehen: Die Schüler werden mit unterschiedlichen Techniken der Gruppenzusammensetzung immer einmal wieder „gemischt“.

Bilden Sie bereits in der ersten Schulwoche Zufallsgruppen, so dass die Schülerinnen und Schüler mit ihnen weniger bekannten Klassenmitgliedern an einem Tisch sitzen. Machen Sie deutlich, dass dies zu Ihrem Unterrichtsstil gehört und Sie erwarten, dass alle Schülerinnen und Schüler miteinander arbeiten.

Gerade in weiterführenden Schulen oder wenn Sie Ihren Unterricht auf das Kooperative Lernen umstellen, wird dies nicht immer einfach sein. Einzelne Schülerinnen oder Schüler haben vielleicht bereits Abneigungen entwickelt und können sich kaum aufeinander einlassen. Wir raten Ihnen, hier konsequent zu bleiben:

[1] Vgl. Götz, T. u. a., (2005), S. 342-360.

- Wenn Sie dauerhaft und konsequent Zufallsgruppen bilden, wird sich der anfängliche Unmut bald legen.
- Viele Widerstände können Sie dadurch aufheben, dass Sie Transparenz schaffen und die Einrichtung von Zufallsgruppen in der Klasse begründen.
- Ergänzen Sie die Zufallsgruppen durch Übungen zur Förderung der Beziehung (siehe Kap. 3).
- Sprechen Sie mit den Schülerinnen und Schülern oder thematisieren Sie die Schwierigkeiten im Klassenrat.

Denken Sie daran: Wer keine Arbeitsbeziehungen aufbauen kann, der wird im Berufsleben mit hoher Wahrscheinlichkeit auf Schwierigkeiten stoßen. Und bedenken Sie auch, dass Antipathien innerhalb der Klasse immer in Ihren Unterricht hineinwirken und ihn negativ beeinflussen werden. Beugen Sie diesen Störungen vor.

Sollte ich auf Neigungsgruppen ganz verzichten?

Die meisten Schülerinnen und Schüler wollen anfänglich selbst bestimmen, mit wem sie zusammenarbeiten. Aber bitte haben Sie im Blick:

- Wenn Sie diesem Wunsch der Schülerinnen und Schüler nachgeben, dann werden Sie sehen, dass solche Neigungsgruppen nur bedingt effektiv arbeiten. Das gilt vor allem dann, wenn sie noch nicht viel Übung im Kooperativen Lernen haben. Es werden immer dieselben Cliquen zusammensitzen, und die haben noch viele andere Themen zu besprechen. Haben Sie für Ihren Unterricht im Blick, dass Freundschafts- oder Sympathiegruppen ihre eigenen Gesetze haben, die nicht immer zu guten Arbeits- und Lernergebnissen führen.
- In Neigungsgruppen sind die Rollen bereits implizit festgelegt. Es ist klar, wer gleich die Folie vorstellt, weil er es ohnehin am besten kann. Alle in der Gruppe wissen, wer die schwierige Mathematikaufgabe bestimmt lösen wird. Es gilt nur ruhig auf das Ergebnis zu warten.
- Denken Sie auch an die Schülerinnen und Schüler, die in der Klasse nicht integriert sind. Aus Gesprächen mit Schülern und Schülerinnen wissen wir, dass es für sie sehr unangenehm ist, wenn die Lehrperson Neigungsgruppen zulässt. Die betroffenen Schüler spüren sofort, dass sie nicht willkommen, dass sie nicht anerkannt sind oder dass sie sogar offen abgelehnt werden. Was die Bildung von Neigungsgruppen für diese Kinder bedeutet, darf nicht aus dem Blick der Lehrpersonen geraten.

Nach unserer Erfahrung sind Neigungsgruppen daher nur in Phasen des offenen Projektunterrichts sinnvoll. Hier können sich Schüler zu Gruppen zusammenfinden, die sich für ein Thema interessieren und dieses gemeinsam bearbeiten.

Gibt es Alternativen zu den Zufallsgruppen?

Es ist manchmal auch sinnvoll, die Gruppen nicht nach dem Zufallsprinzip zusammenzustellen. Wenn Sie zum Beispiel binnendifferenziert arbeiten, werden Sie sicher Gruppen mit unterschiedlichen Förderschwerpunkten bilden (siehe Kap. 2.2).

Wie oft sollen die Tischgruppen neu gebildet werden?

Die folgenden Vorschläge sind erprobte Möglichkeiten, um die Tischgruppen immer einmal wieder neu zu mischen. In neuen Schulklassen sollten Sie die Tischgruppen häufig wechseln, z. B. jeweils zum Wochenbeginn oder -ende. Auf diesem Weg lernen sich alle Kinder einer Klasse recht schnell kennen. Nach vielleicht einem viertel oder halbem Jahr aber werden Sie davon absehen, damit die Schüler die Gelegenheit haben, sich intensiver aufeinander einzulassen. Jetzt wird es bedeutsam, dass die Arbeitsprozesse an Intensität gewinnen. Dazu müssen die Teammitglieder längerfristig gemeinsam arbeiten. Wir haben die Erfahrung gemacht, dass die Gruppenbildung nicht häufiger als alle 6 - 12 Wochen geschehen sollte. Sehr praktikabel ist es, wenn Sie sich an den Zäsuren im Schuljahr orientieren. Bilden Sie jeweils zum Quartal oder nach den Ferien neue Tischgruppen.

Welche Bedeutung hat die Gruppengröße?

Im Kooperativen Klassenzimmer sollten die Schülerinnen und Schüler an Tischen mit jeweils drei oder vier Schülerinnen und Schülern sitzen. Vermeiden Sie unbedingt Sitzordnungen, in denen mehr als vier eine Gruppe bilden. Dies erschwert die Zusammenarbeit in der Gruppe, da die Abstände größer werden und so die Lautstärke in der Kooperationsphase zwangsläufig ansteigt. Zudem reduzieren sich die Redeanteile pro Person. Das Aktivierungspotential in der Kooperationsphase nimmt mit der Gruppengröße somit ab.

Muss ich immer Gruppentische stellen?

Wir raten dazu, möglichst dauerhaft Gruppentische zu stellen. Dafür gibt es mehrere Gründe:

- Die knappe Unterrichtszeit wird nicht durch Veränderungen der Sitzordnung reduziert und mögliche Unruhe wird vermieden.

- Die Rückmeldung von Kolleginnen und Kollegen ist, dass Gruppentische eine Umstellung des Unterrichts erheblich erleichtern. Sie sind die symbolische Erinnerung, die eigene Lehre kooperativ zu gestalten.
- Wenn Sie sich einmal auf das Kooperative Lernen eingelassen haben, dann werden Sie merken, dass Sie den Dreischritt aus „Denken – Austauschen – Vorstellen" in eine Unterrichtstunde vielleicht mehrmals integrieren. Gruppentische sind dann einfach praktisch.

Nach unserer Erfahrung können die Schüler in fast jedem Klassenraum an Gruppentischen sitzen. Eine Ausnahme sind nur solche Räume, in denen die Tische fest am Boden verankert sind. Aber auch hier finden die Lehrkräfte fast immer praktikable Lösungen, so dass zumindest in den Phasen der Kooperation drei bis vier Schülerinnen und Schüler so sitzen, dass sie Blickkontakt haben und kooperieren können (vgl. Brüning / Saum 2006, 143).

Wie gehe ich mit Kindern mit besonderem Förderbedarf um?

In unseren Fortbildungen berichten Kolleginnen und Kollegen immer einmal wieder davon, dass einzelne Kinder, z. B. aufgrund einer Behinderung, nicht in der Lage sind, mit anderen Kindern zu kooperieren. Zu denken ist hier zum Beispiel an ausgeprägte Formen des Autismus, aber auch an Hyperaktivität. Im Zusammenhang mit der zunehmenden Inklusion an den Regelschulen muss der Unterrichtende vermehrt nach Möglichkeiten suchen, allen Kindern in der Klasse gerecht zu werden. Vielleicht wird das sehr leicht ablenkbare Kind an einem Einzeltisch sitzen müssen. Hier sind generalisierende Aussagen kaum möglich. Erst das Erproben unterschiedlicher Sozialformen wird zu jeweils ganz unterschiedlichen Lösungen führen.

2.2 Gruppenbildung als Mittel der Differenzierung

Es gibt gute Gründe für Zufallsgruppen, aber die Gruppen können auch nach anderen Kriterien gebildet werden. Im Folgenden möchten wir Ihnen weitere Möglichkeiten vorstellen:

Leistungshomogene Gruppen

Es gibt Unterrichtssituationen, in denen es sinnvoll ist, Gruppen mit unterschiedlicher Leistungsfähigkeit zu haben, etwa wenn Sie leistungsschwächere Schülerinnen und Schüler auf einem bestimmten Gebiet fördern und leistungsstärkere Schülerinnen und Schüler mit einer besonderen Aufgabe herausfordern wollen. In einem solchen Fall können Sie entsprechend Ihrer Einschätzung der Leistungsfähigkeit der Schülerinnen und Schüler leistungshomogene Gruppen bilden.

Leistungsheterogene Gruppen

Bei der Zufallsauswahl entstehen in den meisten Fällen von selbst leistungsheterogene Gruppen. Doch Sie können diese auch gezielt bilden, entsprechend Ihrer

Einschätzung der Leistungsfähigkeit der Schülerinnen und Schüler. In einer leistungsheterogenen Gruppe regen sich die Schülerinnen und Schüler mit unterschiedlicher Leistungsstärke besonders an. Indem die leistungsstärkeren den leistungsschwächeren Schülerinnen und Schülern Dinge erklären, verstehen sie das, was sie erklären, oft selbst noch besser. Oder sie erkennen, dass sie manches noch gar nicht richtig verstanden haben. Außerdem verstehen Schülerinnen und Schüler manchmal etwas besser, wenn sie es von Mitschülern erklärt bekommen, weil diese noch näher an den Verstehensproblemen als die Lehrpersonen sind und mehr ihre Sprache sprechen. Den leistungsstärkeren Schülerinnen und Schülern gibt dies außerdem die Möglichkeit, ihre soziale Kompetenz zu stärken.

Differenzierung nach Geschlecht

Wenn das Unterrichtsziel es fordert, können Sie auch nach Geschlecht differenzieren, zum Beispiel so, dass in jeder Gruppe zwei Mädchen und zwei Jungen sind. Bei geeigneten Themen können Sie auch reine Mädchen- und Jungengruppen bilden und anschließend thematisieren, ob es typische Unterschiede in der Sichtweise gibt und woher diese stammen könnten.

Unser Tipp

Wenn Sie die Schülerinnen und Schüler per Zufallsauswahl mischen möchten, aber doch sicherstellen wollen, dass Jungen und Mädchen immer gemischt sind, kann man die Karten so verteilen, dass in jeder Gruppe auf jeden Fall zwei Mädchen und zwei Jungen sind. Dazu sortiert man die Karten auf zwei Stapel, wobei von jeder Nummer auf jedem Stapel zwei Karten sind. Von einem Stapel ziehen die Mädchen, vom anderen ziehen die Jungen. Dann gehen die vier zusammen, die dieselbe Nummer haben.

Sie können auch die Namenskärtchen zunächst nach dem Geschlecht sortieren, anschließend jeweils noch einmal nach der Leistungsfähigkeit. So erhalten Sie vier Stapel mit Kärtchen:

- Stapel 1: leistungsstarke Jungen
- Stapel 2: leistungsschwache Jungen
- Stapel 3: leistungsstarke Mädchen
- Stapel 4: leistungsschwache Mädchen

Jeden Stapel mischen Sie. Jetzt ziehen Sie immer aus jedem Stapel eine Karte.

Interessensgruppen

Wenn Sie arbeitsungleiche Gruppenarbeit anleiten, können Sie auch nach Interesse differenzieren. Nachdem Sie die unterschiedlichen Themen vorgestellt oder im Projektunterricht die Schülerinnen und Schüler entsprechende Vorschläge gemacht haben, können sich diese dann aussuchen, welches Thema sie bearbeiten wollen.[1]

[1] Vgl. Brüning / Saum 2009, S. 46.

2.3 Methoden der Zufallsgruppenbildung

Das Prinzip der Gruppenbildung ist ganz einfach: Es werden Karten erstellt, von denen jeweils 4 etwas gemeinsam haben. Die Hinsicht, in der die Gemeinsamkeit besteht, wird jeweils genannt, z. B. die gleiche Wortart oder das gleiche Land. Alternativ können die vier Karten auch zusammen etwas Gemeinsames bilden, etwa ein Wort oder ein Bild. Die Teile werden dann gemischt und verteilt. Die Schülerinnen und Schüler, die die zusammengehörenden Karten ziehen oder bekommen, bilden dann eine Gruppe.

2.3.1 Wörter bilden

Gruppe:	Ganze Klasse, Einteilung in 3er- und 4er-Gruppen
Zeit:	10 – 15 Minuten
Material:	Anzahl von Wörtern mit 4 bzw. 3 Buchstaben an der Tafel oder auf dem Tageslichtschreiber. Karten mit den Buchstaben, aus denen die Wörter bestehen. Auf jeder Karte ist ein Buchstabe. Die Buchstabenanzahl der Wörter entspricht der Gruppengröße
Alter:	Primarstufe, im Fremdsprachenunterricht auch in Jg. 5 und 6

So geht es

Vorbereitung

1. Die Lehrperson wählt Wörter mit drei bzw. vier Buchstaben aus und macht Buchstabenkarten, wobei auf jeder Karte ein Buchstabe dieser Wörter ist.

Durchführung

2. Sie schreibt die gesuchten Wörter an die Tafel oder auf eine Folie, die sie mit dem Tageslichtschreiber an die Wand wirft.
3. Sie mischt die Buchstabenkarten und verteilt sie an die Schülerinnen und Schüler.
4. Die Schülerinnen und Schüler gehen herum und versuchen Mitschüler zu finden, mit denen sie ein Wort bilden können, das an der Tafel oder auf der Folie steht.
5. Die Gruppe, die ein gesuchtes Wort findet, bildet ein Team und sucht sich einen Gruppentisch.

Beispiel

Nehmen wir an, diese Gruppenbildung findet im Anfangsunterricht im Fach Englisch in einer Klasse mit 27 Schülerinnen und Schülern statt. Die Klasse soll daher in sechs Gruppen mit je vier Mitgliedern und eine Dreiergruppe aufgeteilt werden. Die Schüler haben Vokabeln zum Bereich „Körper“ kennen gelernt und wiederholen sie mit dieser Gruppenbildung. Die Lehrperson wählt folgende Vokabeln für die Gruppenbildung aus:

back, body, face, foot, hair, hand, arm (Kopiervorlage S. 15).

Bei der angenommenen Klassengröße werden sechs Wörter mit vier Buchstaben und ein Wort mit drei Buchstaben ausgewählt. Jedes Kind erhält einen Buchstaben. Es macht sich auf die Suche nach weiteren Kindern, mit denen es gemeinsam ein Wort bilden kann, das ein Körperteil bezeichnet.

Varianten

Hier sind viele Varianten möglich. Statt einzelner Buchstaben werden im Geografieunterricht zum Beispiel themenbezogene Wörter in entsprechende Teile geteilt.

Wet-ter-sta-tion; Tief-druck-ge-biet; Nieder-schlags-mess-becher usw.

Diese Teile werden dann an die Schüleinnen und Schüler ausgegeben. Sie suchen dann wieder die anderen Wortbestandteile und bilden die neue Gruppe. Bei einer entsprechenden Wortwahl kann gleichzeitig auf das neue Thema hingearbeitet werden.

COPY **Wörter bilden**

1	b	a	c	k
2	b	o	d	y
3	f	a	c	e
4	f	o	o	t
5	h	a	i	r
6	h	a	n	d
7	a	r	m	

2.3.2 Bilder-Puzzle

Gruppe: Ganze Klasse, Einteilung in 3er- und 4er-Gruppen

Zeit: 15 Minuten

Material: Bilder, z. B. aus Zeitschriften

Alter: Alle Schulstufen

So geht es

Vorbereitung

1. Die Lehrperson stellt 8 Bilder (je nach Gruppenanzahl) zusammen, z. B aus einer Zeitschrift, Blätter eines alten Kalenders o. ä. Die Bilder sollten möglichst Anlass zur Reflexion in einem vorgegebenen Zusammenhang bieten.
2. Sie schneidet die Bilder in jeweils 4 Teile. Wenn die Bilder immer wieder verwendet werden sollen, dann ist es ratsam, sie zu laminieren.

Durchführung

3. Mischen Sie die Bildkarten und verteilen Sie sie an die Schülerinnen und Schüler. Falls es eine Dreiergruppe gibt, bekommt ein Schüler aus der Dreiergruppe 2 Karten, damit die Schüler wissen, dass sie zu dritt vollständig sind und das ganze Bild vorliegen haben.
4. Die Schülerinnen und Schüler gehen herum und versuchen Mitschüler zu finden, mit denen sie ein Bild vervollständigen können.
5. Die Gruppe, die ein Bild hat, ist ein Team und sucht sich einen Gruppentisch.

Tipps und Hinweise

Viele Bilder oder Abbildungen finden Sie mit der Bildersuche einschlägiger Suchmaschinen im Internet. Bei einer Klasse mit 28 Schülerinnen und Schülern benötigen Sie nur sieben Bilder (7 Gruppen mit je 4 Schülerinnen und Schülern).

Fachbezug möglich

Mit dieser Übung können Sie sehr gut thematisch in eine neue Unterrichtsreihe einsteigen: Wählen Sie zum Inhalt passende Bilder oder auch Texte aus. Zerlegen Sie diese in drei bzw. vier Teile. Die Möglichkeiten sind vielfältig:

- Deutsch / Fremdsprachen: Szenenbilder aus einem Drama oder Film, Texte oder Gedichte teilen
- Geografie: Abbildungen von Großstädten, wenn es um Stadtentwicklung geht
- Physik: Abbildung zu den Umlenkgesetzen
- Chemie: Abbildung unterschiedlicher Trennverfahren: Sedimentieren, Filtrieren, Eindampfen, Destillieren, Extrahieren, Chromatografieren
- Mathematik: Abbildungen von Dreiecksformen; Aufgaben mit Rechenwegen und Lösungen jeweils vierteilen
- Geschichte: Textquellen und Bildquellen zu einem Themengebiet zerlegen

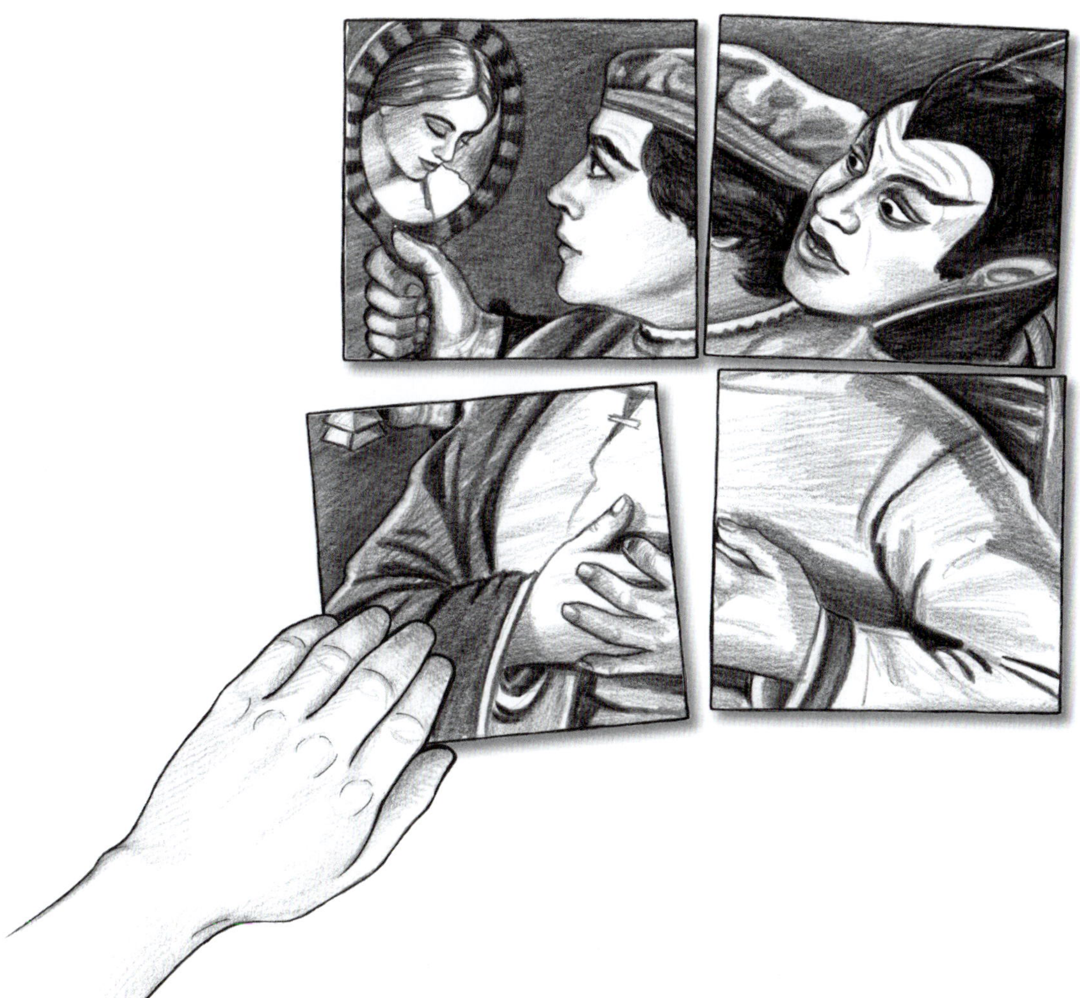

2.3.3 Durcheinander gewürfelte Sätze

Gruppe: Ganze Klasse, Einteilung in 3er- und 4er-Gruppen

Zeit: ca. 10 Minuten

Material: Kopiervorlage

Alter: Alle Schulstufen

So geht es

1. Wählen Sie entsprechend der Gruppenanzahl bestimmte Sätze oder Zitate aus – bei acht Gruppen also acht Sätze.
2. Schreiben Sie die Sätze auf einen größeren Streifen. Zerteilen Sie die Sätze in vier Teile.
3. Mischen Sie die Satzteile.
4. Geben Sie nun jedem Schüler ein Kärtchen. Die Schülerinnen und Schüler bekommen jetzt die Aufgabe, die jeweils passenden Teile zu suchen und so den vollständigen Satz zu bilden.

Umsetzung im Fachunterricht

- Geografie: Mit unserem ersten Beispiel können Sie acht Bauernregeln zum Wetter auf die Schülerinnen und Schüler Ihrer Klasse verteilen (Kopiervorlage S. 19).
- Deutsch: In dem zweiten Beispiel finden Sie acht Zitate aus dem Drama „Iphigenie auf Tauris“ (Kopiervorlage S. 20).

Ähnliche Möglichkeiten der Gruppenfindung können Sie in vielen Situationen selber erstellen. Suchen Sie einfach entsprechend der notwendigen Tischgruppenanzahl bis zu acht Sätze oder Zitate aus und zerteilen sie entsprechend der Gruppengrößen am Tisch.

COPY **Durcheinander gewürfelte Sätze**

Gruppen-nummer	Bauernregel			
1	Auf einen trüben	Morgen	folgt ein heiterer	Tag.
2	Bei rotem Mond	und hellem Sterne	sind Gewitter gar	nicht ferne.
3	Der Nordwind ist	ein rauer Vetter,	doch er bringt	beständig's Wetter.
4	Dreht mehrmals	sich der Wetterhahn,	so zeigt er Sturm	und Regen an.
5	Steigt der Rauch	ganz gerade	nach oben, bleibt	das Wetter lange schön.
6	Wind in	der Nacht –	am Tage Wasser	macht.
7	Ziehen die Wolken	dem Wind entgegen,	gibt's am anderen Tage	Regen.
8	Gewitter in der	Vollmondzeit	verkünden Regen	weit und breit.

COPY

Deutsch: Wählen Sie Formulierungen aus der gerade gelesenen Lektüre aus. In unserem Beispiel finden Sie Zitate aus dem Drama *Iphigenie auf Tauris*.

Gruppen-nummer	Textzitat				Zeilen-angabe
1	(…) allein / Der	Frauen	Zustand ist	beklagenswert.	(23)
2	Ein edler Mann	wird durch ein gutes	Wort / Der Frauen	weit geführt.	(213)
3	Ich hoffe, dich, Zum /	Segen meines Volkes	und mir zum Segen, /Als	meine Braut in meine Wohnung einzuführen.	(247)
4	Ich kann nicht	leiden, dass du große	Seele / Mit einem falschen	Wort betrogen werdest.	(1076)
5	O weh der	Lüge! Sie befreit	nicht, / Wie jedes andre	wahr gesprochne Wort, (…)	(1405)
6	O trüg	ich doch	ein männlich	Herz in mir!	(1677)
7	So zeigt's durch	euern Beistand	und verherrlicht /	Durch mich die Wahrheit (…)	(1920)
8	Um Guts	zu tun,	braucht's keiner	Überlegung.	(1990)

2.3.4 Lieder summen

Gruppe: Ganze Klasse, Einteilung in 3er- und 4er-Gruppen

Zeit: ca. 10 Minuten

Material: Kopiervorlage (S. 23)

Alter: Alle Schulstufen

Bei dieser Methode zur Gruppenzusammensetzung ziehen alle Klassenmitglieder je einen Zettel, auf dem eine Strophe eines klassischen Kinderlieds abgedruckt ist. Die Schüler haben die Aufgabe, dieses Lied zu summen und sich dabei in der Klasse zu bewegen. Sie müssen genau hinhören, wer das gleiche Lied summt, um die anderen Teammitglieder zu finden.

So geht es

Vorbereitung

1. Die Lehrperson stellt 8 bekannte Kinderlieder (je nach Gruppenanzahl) zusammen; dazu kann die Kopiervorlage benutzt werden. Es können aber auch andere Lieder genommen werden. Voraussetzung ist, dass die Schülerinnen und Schüler die Melodien kennen. Ob sie die Melodien halten können, ist zweitrangig; Hauptsache, sie erkennen, welche Lieder gesungen werden.
2. Die Lehrperson kopiert die Vorlage viermal und schneidet sie in einzelne Kärtchen, so dass jeweils ein Lied auf einem Zettel ist.
3. Sie mischt die Kärtchen und verteilt sie an die Schülerinnen und Schüler. Die Schüler dürfen ab diesem Zeitpunkt nicht mehr miteinander sprechen.

Durchführung

4. Wenn die Liedvorlagen verteilt sind, darf keiner mehr reden: Jeder beginnt sein Lied zu singen oder zu summen und geht dabei durch den Raum. Die Schülerinnen und Schüler hören aufeinander und achten darauf, wer das gleiche Lied singt oder summt.
5. Die Schülerinnen und Schüler, die das gleiche Lied haben, bilden ein Team und suchen sich einen Gruppentisch.

Varianten

- Volks- und Kinderlieder gehören nicht unbedingt zum Weltwissen der Kinder. Daher können Sie alternativ auch Ihre Schülerinnen und Schüler befragen, welche Pop-Lieder gerade sehr bekannt sind. Bei einer Klasse mit 24 Schülerinnen und Schülern benötigen Sie sechs Musiktitel. Notieren Sie einen Titel jeweils immer auf vier Kärtchen.

Fachbezug

- Statt Kinderliedern können Lieder genommen werden, die im Musikunterricht eingeübt worden sind.
- Im Deutschunterricht können auch Gedichte gewählt werden. Diese sollten möglichst bekannt sein. Wenn sie nicht bekannt sind, ist der Schwierigkeitsgrad höher, denn die Schülerinnen und Schüler müssen Kriterien kennen, nach denen sie bestimmen können, welche Verse zusammengehören, z. B. Reimform, Metrum, Inhalt etc.

Bruder Jakob, frère Jacques

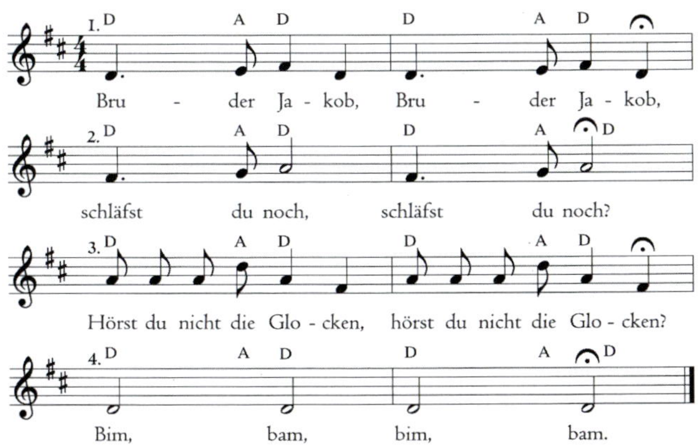

Hopp, hopp, hopp, Pferdchen, lauf Galopp

Im Märzen der Bauer

Es tanzt ein Bi-ba-butzemann

Der Mond ist aufgegangen

Hänschen klein

Alle Vögel sind schon da

Ein Männlein steht im Walde

2.3.5 Nach bekannten Fernsehserien zuordnen

Gruppe: Ganze Klasse, Einteilung in 3er- und 4er-Gruppen

Zeit: ca. 5 Minuten

Material: Karten mit Darstellernamen aus Fernsehserien, z. B. Simpsons – Marge, Bart, Homer, Maggie

Alter: Primar- und Sekundarstufe

So geht es

Vorbereitung

1. Bei einer Klasse mit 24 Schülerinnen und Schülern sucht die Lehrperson sechs den Schülerinnen und Schülern bekannte Fernsehserien (je nach Gruppenanzahl) heraus. Aus jeder Fernsehserie werden 4 bekannte Personen ausgewählt.
2. Jeder Name wird auf eine Karte geschrieben.

Durchführung

3. Die Lehrperson mischt die Karten und verteilt sie an die Schülerinnen und Schüler.
4. Die Schülerinnen und Schüler gehen herum und versuchen Mitschüler zu finden, die Personen aus derselben Fernsehserie haben.
5. Die Gruppe, die vollständig ist, bildet ein Team und sucht sich einen Gruppentisch.

Hinweise

- Lassen Sie sich hier von Ihren Schülerinnen und Schülern helfen. Diese kennen in der Regel die TV-Serien besser als die Lehrpersonen.
- Benutzen Sie die Tabelle (Kopiervorlage S. 25). Legen Sie eine Kopie an und zerschneiden sie diese erst dann. So können Sie die Vorlage mehrmals in unterschiedlichen Klassen verwenden.
- Es ist kein Problem, wenn einzelne Schüler bestimmte TV-Serien oder Figuren nicht kennen. Denn während die Schüler durch den Klassenraum laufen und die richtigen Teammitglieder suchen, werden sie durch die anderen Schüler in der Regel informiert.

COPY

Bekannte Fersehserien zuordnen

TV-Serie:	Figuren / Personen			
Simpsons	Marge	Bart	Homer	Maggie

2.3.6 Fachbezogene Gruppenbildung, z. B. durch „Wortarten"

Gruppe: Ganze Klasse, Einteilung in 3er- und 4er-Gruppen

Zeit: ca. 15 Minuten

Material: Karten mit Wörtern unterschiedlicher Wortarten, je 4 Beispiele für eine Wortart (Kopiervorlage, S. 28)

Alter: Alle Schulstufen

So geht es

Vorbereitung

1. Die Lehrperson wählt die Wortarten aus, die die Schülerinnen und Schüler schon kennen, und sucht für jede dieser Wortarten je vier Beispiele.
2. Jedes Wort wird auf eine eigene Karte geschrieben. Alternativ kann auch die Kopiervorlage genutzt werden.

Durchführung

3. Die Lehrperson mischt die Karten und verteilt sie an die Schülerinnen und Schüler. Falls es eine Dreiergruppe gibt, bekommt ein Schüler aus der Dreiergruppe 2 Karten, damit alle wissen, dass sie zu dritt vollständig sind.
4. Die Schülerinnen und Schüler gehen herum und versuchen Mitschüler zu finden, die ein Wort derselben Wortart haben.
5. Die Gruppe, die vollständig ist, bildet ein Team und sucht sich einen Gruppentisch.

Fachbezug

Deutsch

- Statt Wortarten können die Schülerinnen und Schüler auch Verben in unterschiedlichen Zeitformen, Satzglieder, Texte, die unterschiedlichen Textsorten zuzuordnen sind, rhetorische Mittel etc. ordnen. Sinnvoll ist es, wenn die Verben, Satzglieder oder rhetorischen Mittel in einem ganzen Satz stehen. Dann kann z. B. die Wortgruppe, die als Satzglied bestimmt werden soll, unterstrichen werden.

- Wenn Sie in der Klasse eine Erzählung, einen Roman oder ein Drama lesen, dann können Sie die Unterrichtsreihe damit beginnen, dass Sie von sechs Romanfiguren jeweils vier unterschiedliche Zitate auswählen. Die Schüler müssen dann erkennen, von welcher Figur das Zitat ist, und sich entsprechend finden. Voraussetzung ist in diesem Fall, dass die Schülerinnen und Schüler den Text bereits gelesen haben. Notieren Sie sich die Seiten, damit Sie im Zweifelsfall die Zuordnung prüfen können (siehe Zitate aus Schiller, Don Carlos, S. 30).

Geografie

- Je vier Dinge, die typisch für ein Land sind, werden auf 4 Karten geschrieben. Die Schülerinnen und Schüler, die diese 4 Karten haben, suchen sich und bestimmen dann das Land, für das diese Dinge typisch sind.
- Orientierungswissen: Wählen Sie immer vier Begriffe aus, die zu einer Kategorie gehören: vier deutsche Inseln, vier deutsche Mittelgebirge, vier deutsche Flüsse, vier deutsche Städte etc.
- Von jedem Kontinent werden vier Städte ausgewählt. Die Gruppen suchen sich dann so, dass die Kontinente eine neue Tischgruppe bilden (siehe „Gruppen mit Kontinenten", S. 31).

Mathematik

- Im Bereich der Geometrie lernen die Schüler, Vierecke zu unterscheiden. Dazu werden je vier Karten mit dem gleichen Viereck-Typ erstellt (Quadrat, Rechteck, Parallelogramm, Raute, Trapez).
- Immer vier Aufgaben haben die gleiche Zahl als Lösung. Nach der Rechnung muss jeder Schüler seine Gruppenmitglieder suchen. Hier können die guten Mathematiker/-innen der Klasse den anderen Schülern helfen, die keine Gruppe finden, da sie sich verrechnet haben.

Biologie / Sachkunde:

Die Schüler ziehen Tiernamen, immer vier Tiere gehören zusammen: Es sind z. B. die gleichen Tiere oder sie gehören zu derselben Art, haben den gleichen Lebensraum o. ä.; jeder geht durch die Klasse und stellt sein Tier dar. Die Tiere, die bei sich Gemeinsamkeiten sehen, ordnen sich einer Gruppe zu (siehe „Tierarten", S. 32).

Hinweise

- Sie merken: Hier sind die Varianten fast unendlich. Immer dann, wenn die Möglichkeit besteht, Inhaltsbereiche in drei oder vier Teile zu teilen oder zu gliedern, können Sie auch Gruppen bilden. So lassen sich auch gleich thematisch orientierte Einstiege entwickeln, die zur neuen Einheit hinführen.
- Wenn Sie unter Zeitdruck sind, so können Sie statt einer Vorlage am PC auch schnell die Vorlage handschriftlich anfertigen.
- Wenn Sie in der Schule kooperieren, werden Sie rasch eine große Sammlung bekommen.

COPY

Beispiel 1 für die Gruppenbildung im Grammatik-Unterricht

Wortarten zuordnen

1. Intelligenz	2. Licht
3. Wolken	4. Musik
1. gehen	2. schweben
3. spielen	4. schauen
1. gut	2. positiv
3. versöhnlich	4. gelassen
1. der	2. die
3. ein	4. einer
1. weil	2. als
3. obwohl	4. nachdem
1. dort	2. heute
3. gern	4. sehr

COPY

Beispiel 1 für die Gruppenbildung im Grammatik-Unterricht

Wortarten zuordnen

1. ich	**2. du**
3. ihr	**4. es**
1. in	**2. an**
3. auf	**4. vor**
1. ach!	**2. oh!**
3. au!	**4. bitte?**
1. zwei	**2. dritte**
3. viel	**4. manche**

Unseren Lösungsvorschlag finden Sie im Lösungsteil auf Seite 169.

COPY

Beispiel für die Gruppenbildung im Deutschunterricht der gymnasialen Oberstufe

Zitate aus Friedrich Schiller *„Don Carlos“*

Wie gut Versteht es Karl, die Zimmer sich zu merken, Wo Damen ohne Zeugen sind. (1540ff. - 23)	Wie sollt es Mich freuen, Marquis, wenn der Freiheit endlich Noch die Zuflucht in Europa bliebe! Wenn sie durch Ihn es bliebe! – Rechnen Sie auf meinen stillen Anteil - (3510 - 8)
Wie einsam aber, Wie traurig ist es hier! Man glaubt Sich in La Trappe. (405ff. - 21) *(La Trappe = Kloster in der Normandie)*	Und ich - ich drücke dich an meine Brust Zum ersten Mal mit vollem, ganzen Rechte; Ich hab es ja mit allem, allem was Mir teuer ist, erkauft - O Karl, wie süß, Wie groß ist dieser Augenblick! Ich bin Mit mir zufrieden. (4596ff. - 16)
Was Eure Majestät durch meine Hand Verbreiten - ist das Menschenglück? Ist das Dasselbe Glück, das meine reine Liebe Den Menschen gönnt? - (...) (3046ff. - 13)	Prinz, noch ein Wort. Prinz, hören Sie - Er geht! Auch das noch! Er verachtet mich - Da steh ich In fürchterlicher Einsamkeit - verstoßen, Verworfen - (Z. 1888ff. - 24)
Und kann Die gute Sache schlimme Mittel adeln? Kann sich - verzeihen Sie mir diesen Zweifel! Ihr edler Stolz zu diesem Amte borgen? Kaum glaub ich es. (3410ff. - 5)	Mit den Gebärden eines Wütenden Sah ich ihn eben diesen Saal verlassen. Auch Euro königliche Majestät. Sind außer sich und scheinen tief bewegt - Vielleicht der Inhalt des Gesprächs? (1243ff.- 18)
Solang ein Herz an diesem Panzer schlägt, Mag sich Don Philipp ruhig schlafen legen. Wie Gottes Cherub vor dem Paradies, Steht Herzog Alba vor dem Thron. (876ff. - 17) *(Cherub= Engel, der den Himmel bewacht.)*	Lassen Sie In allen Kirchen das Te Deum tönen. Der Sieg ist unser. (4485 - 20) *(Te Deum = Lobgesang auf Gott)*
So allein Madame? Und auch nicht eine Dame zur Begleitung? Das wundert mich – Wo bleiben Ihre Frauen? (808ff. - 9)	Kardinal! Ich habe Das Meinige getan. Tun Sie das ihrige. (5370 - 12)
Rette dich für Flandern! Das Königreich ist dein Beruf. Für dich Zu sterben, war der meinige. (4717ff. - 15)	Jetzt gib mir einen Menschen, gute Vorsicht - Du hast mir viel gegeben. Schenke mir Jetzt einen Menschen. Du bist allein, Denn deine Augen prüfen das Verborgene, Ich bitte dich um einen Freund ... (2810ff. - 10)
Mein Herz, Versprech ich Ihnen, soll allein und ewig Der Richter meiner Liebe sein. (4375ff. - 7)	Ich steh' nicht auf - Hier will ich ewig knien. Auf diesem Platz will ich verzaubert liegen, In dieser Stellung angewurzelt - (628ff. - 2)
Ich bin erklärter Feind des Prinzen. (2163ff. - 19)	Großmüt'ge Königin, Erbarmen Sie sich meiner. Lassen Sie - Um Gottes Willen, lassen Sie mich nicht - Nicht aufgeopfert werden. (458f. - 22)
Bin ich nicht stark, Elisabeth? Ich halte In meinen Armen Sie und wanke nicht. Von dieser Stelle hätten mich noch gestern Des nahen Todes Schrecken nicht gerissen. (5351ff. - 3)	Ein Federzug von dieser Hand, und neu Erschaffen wird die Erde. Geben Sie Gedankenfreiheit. - (3214ff. - 14)
„Mutter! Oh Himmel, gib, dass ich es dem vergesse, Der Sie zu meiner Mutter machte!“ (Z. 28ff. - 1)	Des Himmels! Ja! Ich will es sein - ich will - Will deiner wert sein - Große Seelen macht Die Liebe größer. Sei's auch was es sei. Wenn du es mir gebietest, ich gehorche. - (3591ff. - 4)
(...) Ich weiß, Ihr werdet anders denken, kennet Ihr Den Menschen erst, wie ich - (...) (3293ff. - 11)	(...) Elisabeth War ihre Erste Liebe; Ihre zweite Sei Spanien. Wie gerne, guter Karl, Will ich der besseren Geliebten weichen. (792ff. - 6)

Unseren Lösungsvorschlag finden Sie im Lösungsteil auf Seite 169.

COPY

Beispiel für die Gruppenbildung in Geographie, Jg. 5-8 (Orientierungswissen)

Kontinente und ihre bevölkerungsreichsten Städte

Tischgruppe / Kontinent	Städte / Gruppenmitglieder			
Europa	Moskau	London	Sankt Petersburg	Berlin
Nordamerika	Mexiko-Stadt	New York	Los Angeles	Chicago
Südamerika	São Paulo	Lima	Bogotá	Rio de Janeiro
Asien	Shanghai	Peking	Karatschi	Mumbai (Bombay)
Afrika	Lagos	Kinshasa	Kairo	Alexandria
Australien	Sydney	Melbourne	Brisbane	Perth
Antarktis (Forschungsstationen)	McMurdo-Station	Palmer	Amundsen-Scott-Südpolstation	Neumayer-Station III.

- In der Übersicht fehlt die türkische Stadt Istanbul. Denn von den 13.120.596 Einwohnern im Jahr 2010 lebten etwa 65 Prozent im europäischen Teil von Istanbul und rund 35 Prozent auf der asiatischen Seite. Hier könnte auch eine getrennte Zuordnung erfolgen.
- Bei der Übung geht es um Städte, nicht um Ballungsräume. Natürlich wäre dies auch denkbar. Dann muss die Übung entsprechend angepasst werden.
- Aktuelle Zahlen und Daten unter: http://de.wikipedia.org/ Suchbegriff: Millionenstädte
- Die Antarktis hat keine Bevölkerung im eigentlichen Sinne. In den über 80 Forschungsstationen leben jedoch im Sommer ca. 4000 und im Winter ca. 1000 Menschen. Hier sind vier Forschungsstationen angegeben.

Quelle: http://de.wikipedia.org/wiki/Liste_der_Millionenstädte (Download vom 10.02.2012)

Unseren Lösungsvorschlag finden Sie im Lösungsteil auf Seite 169.

COPY

Beispiel für die Gruppenbildung im Sachkunde- oder Biologieunterricht der Primarstufe

Tischgruppe / Familie	Tiere / Gruppenmitglieder			
Katzen	Löwe	Hauskatze	Leopard	Tiger
Hunde	Wolf	Schakal	Dackel	Schäferhund
Insekten	Biene	Marienkäfer	Heuschrecke	Libelle
Wiederkäuer	Kuh	Schaf	Hirsch	Giraffe
Affen	Orang Utan	Schimpanse	Meerkatze	Gorilla
Pferde	Zebra	Kiang	Esel	Wildpferd
Nagetiere	Hamster	Hase	Kaninchen	Maus
Vögel	Pinguin	Strauß	Adler	Dohle

2.3.7 Meier-Karten

Gruppe: Ganze Klasse, Einteilung in 3er- und 4er-Gruppen

Zeit: 5 Minuten

Material: Karten mit Namen, die ähnlich klingen, aber unterschiedlich geschrieben werden, z. B. Karten mit Varianten des Familienamens „Meier“: Meyer, Maier, Meier, Meyr, Mayer ... (Kopiervorlage S. 34)

Alter: Alle Schulstufen

So geht es

Vorbereitung

1. Die Lehrperson sucht 8 Varianten eines Familienamens heraus.
2. Sie schreibt jede Variante auf jeweils vier Karten. Hier kann die Kopiervorlage genutzt werden.

Durchführung

3. Die Lehrperson mischt die Karten und verteilt sie an die Schülerinnen und Schüler. Falls es eine Dreiergruppe gibt, bekommt ein Schüler aus der Dreiergruppe 2 Karten, damit sie wissen, dass sie zu dritt vollständig sind.
4. Die Schülerinnen und Schüler gehen herum und versuchen Mitschüler zu finden, die Personen mit demselben Namen haben. Zunächst tun sich vielleicht Personen zusammen, die den Namen in unterschiedlicher Schreibweise haben. Wenn die Schülerinnen und Schüler dann merken, dass alle Varianten des Namens Meier haben, beginnen sie die zu suchen, die dieselbe Schreibweise des Namens haben.
5. Die Gruppe, die vollständig ist, bildet ein Team und sucht sich einen Gruppentisch.

COPY

Gruppenbildung mit Familiennamen

Meyer	Meyer
Meyer	Meyer
Maier	Maier
Maier	Maier
Meier	Meier
Meier	Meier
Mayer	Mayer
Mayer	Mayer
Mayr	Mayr
Mayr	Mayr
Majer	Majer
Majer	Majer
Meya	Meya
Meya	Meya
Maya	Maya
Maya	Maya

2.3.8 Farbkarten

Gruppe: Ganze Klasse, Einteilung in 3er- und 4er-Gruppen

Zeit: 5 – 10 Minuten

Material: Nummerierte Farbkarten, pro Gruppe eine Karte mit derselben Farbe

Alter: Alle Schulstufen

So geht es

Vorbereitung

1. Die Lehrperson sucht farbige Blätter heraus (4 unterschiedliche).
2. Für jede Farbe erstellt sie 8 Karten, die sie von 1-8 durchnummeriert (je nach Klassengröße weniger Karten). Damit diese Karten immer wieder genutzt werden können, empfehlen wir, sie zu laminieren; alternativ können sie auch aus festem Karton hergestellt werden.

Durchführung

3. Die Lehrperson mischt die Karten und verteilt sie an die Schülerinnen und Schüler. Falls es eine Dreiergruppe gibt, bekommt ein Schüler aus der Dreiergruppe 2 Karten, damit sie wissen, dass sie zu dritt vollständig sind.
4. Die Schülerinnen und Schüler gehen herum und versuchen Mitschüler zu finden, die Karten mit derselben Nummer haben.
5. Die Gruppe, die vollständig ist, bildet ein Team und sucht sich einen Gruppentisch.

Hinweis

Die unterschiedlichen Farben können genutzt werden, um den Teilnehmern per Zufall Aufgaben zuzuweisen, z. B. das Material abzuholen, das Gruppenergebnis vorzustellen etc..

Nummerieren Sie die Gruppen im Uhrzeigersinn durch, entsprechend der Form einer Spirale: „Gruppe 1 sitzt am Gruppentisch nahe der Tür, Gruppe 2 folgt usw.“ Dann können Sie Schüler per Zufall aufrufen, indem Sie eine Zahl und eine Farbe nennen, z. B.: „Die Person mit der gelben Karte von Tisch Nr. 4 stellt jetzt das Ergebnis vor.“

2.3.9 Durchzählen

Gruppe:	Ganze Klasse, Einteilung in 3er- und 4er-Gruppen
Zeit:	2 – 5 Minuten
Material:	–
Alter:	Alle Schulstufen

So geht es

1. Die Lehrperson zählt die Schülerinnen und Schüler entsprechend der benötigten Anzahl an Gruppen durch (bei einer Klasse mit 28 Schülern sieben Mal von 1 bis 4). Schüler A beginnt mit 1, B ist 2, Schüler C ist 3 usw.
2. Immer die Schüler mit der gleichen Zahl bilden eine Gruppe. Alle mit der Zahl 1 sitzen an Tisch 1, alle mit der 2 an Tisch 2 usw.

Hinweise

- ◆ Diese Methode geht ganz schnell und hat den Vorteil, dass garantiert nicht diejenigen zusammensitzen, die zuvor zusammengesessen haben.
- ◆ Es gibt immer wieder Schülerinnen und Schüler, die versuchen zu schummeln, indem sie unauffällig ihre Zahlen tauschen, um doch mit ihren Freunden an einem Tisch zu sitzen. Wenn Sie bei manchen diesen Verdacht haben, können Sie sich ihre Nummer merken und dann kontrollieren, ob sie tatsächlich am richtigen Tisch sitzen. Wenn die Schüler merken, dass Sie ein Auge darauf haben, dass nicht geschummelt wird, werden solche Versuche in der Regel schnell eingestellt.

2.3.10 Aufreihen, z. B. nach dem Alphabet

Gruppe: Ganze Klasse, Einteilung in 3er- und 4er-Gruppen

Zeit: 5 – 10 Minuten

Material: –

Alter: Alle Schulstufen

So geht es

1. Die Schülerinnen und Schüler reihen sich so auf, dass sie in alphabetischer Reihenfolge (Vor- oder Nachnamen) stehen.
2. Bilden Sie dann Zufallsgruppen durch Abzählen. Es können auch die beiden, die ganz vorne stehen, immer mit denen, die ganz hinten stehen, eine Gruppe bilden.

Varianten

- Statt den Vor- oder Nachnamen kann man auch das Geburtsdatum als Kriterium vorgeben.
- Der achtsame Umgang miteinander und die Kreativität werden gefördert, wenn man die Vorgabe macht, dass keiner sprechen und niemand den anderen berühren darf. Einziges Hilfsmittel sind Handzeichen.
- Die Schüler/innen stellen sich entsprechend einem vorgegebenen Kriterium der Reihe nach auf. Jeweils der größte arbeitet mit dem kleinsten Schüler zusammen, der älteste mit dem jüngsten, der erste im Alphabet mit dem letzten, der mit der höchsten Hausnummer mit dem mit der niedrigsten usw. Sie können auch einfach nur abzählen. Bei einer Klasse mit 30 Schülerinnen und Schülern wird zweimal bis 15 gezählt. Jeweils die beiden Schüler mit der Zahl 1 bilden ein Arbeitspaar, mit der Zahl 2 usw.

2.3.11 Weitere Möglichkeiten, mit einem Puzzle Tischgruppen zu bilden.

Spielkarten

Teilen Sie Spielkarten aus. Immer vier gleiche Karten (Ass, Bube, Dame etc.) bilden eine Gruppe. Achten Sie darauf, dass Sie die Karten anschließend sofort einsammeln, damit das Kartenspiel vollständig bleibt.

Geheime Gruppen

Entsprechend der Anzahl der Schülerinnen und Schüler werden Aufkleber / Sticker vorbereitet. Je vier Aufkleber tragen das gleiche Wort als Gruppenname. Die Schülerinnen und Schüler stellen sich in einer Reihe auf und bekommen einen Aufkleber auf den Rücken geklebt, ohne dass sie erkennen, welchen Namen sie auf dem Rücken tragen. Jetzt müssen sie ihre Teammitglieder finden. Sie dürfen sich aber nicht berühren und nicht sprechen. Nur Zeichensprache! Dabei gibt es zunächst Verwirrung, da ja keiner weiß, welchen Namen er selber trägt. Erst wenn die Schülerinnen und Schüler erkennen, dass sie für die anderen handeln müssen, wird der Prozess der Gruppenfindung in Gang kommen.

Ordnen von Gegenständen

Nehmen Sie so viele Gegenstände mit in die Klasse, wie Sie Schülerinnen und Schüler haben. Wählen Sie die Dinge so aus, dass diese eine Zusammengehörigkeit von jeweils vieren bilden, z. B. vier Sachen aus dem Bad, vier vom Schreibtisch, vier aus der Küche, vier aus dem Werkzeugkasten etc. Alle Schülerinnen und Schüler bekommen zu Beginn der Unterrichtsstunde einen Gegenstand. Dann müssen sie versuchen, andere zu finden, die einen Gegenstand haben, der mit ihrem etwas gemeinsam hat. Sagen Sie nicht, welche Kategorien Sie zugrunde gelegt haben. Wenn sich vier Schülerinnen und Schüler gefunden haben, deren Gegenstände aus ihrer Sicht zusammengehören, können sie sich an einen Tisch setzen.

Besonders spannend, aber auch offener ist dieser Prozess, wenn Sie die Gegenstände willkürlich ausgewählt haben, selber also keine Ordnung im Kopf hatten. Diese Übung lässt der Kreativität der Schüler noch mehr Raum.

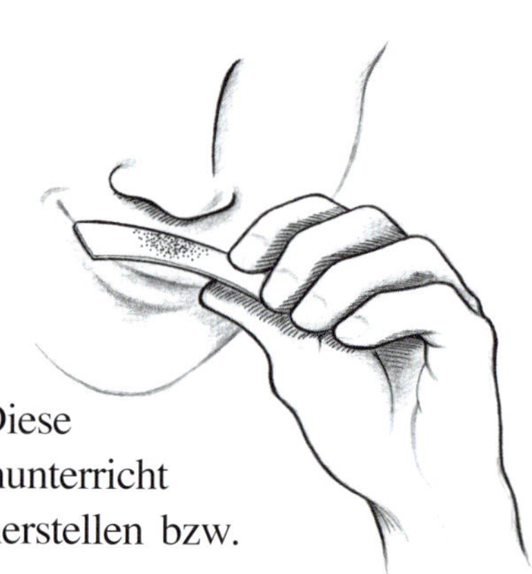

Gerüche raten und zuordnen

Sammeln Sie kostenlose Duftproben aus einer Parfümerie. Tropfen Sie auf je vier Streifen immer denselben Duft und verteilen Sie die Streifen. Diejenigen, die den gleichen Duft haben, bilden eine Gruppe. Denken Sie daran, die Streifen zu kennzeichnen, damit Sie sie im Zweifelsfall unterscheiden können. Diese Gruppenbildung eignet sich besonders, wenn Sie im Deutschunterricht „Das Parfüm“ besprechen oder im Chemieunterricht Parfüme herstellen bzw. im Biologieunterricht den Geruchssinn thematisieren.

2.4 Paarbildung nach dem Zufall

2.4.1 Berühmte Paare

Gruppe: Ganze Klasse, Einteilung in Paare

Zeit: Etwa 20 Minuten

Material: Namenskarten; jeweils zwei Karten gehören zusammen, weil auf ihnen die beiden Namen eines berühmtes Paares stehen (Kopiervorlage S. 41)

Malerklebeband

Alter: Sekundarstufe I und II

So geht es

Vorbereitung

1. Die Lehrperson sucht berühmte Paare heraus oder nutzt die Kopiervorlage. Wichtig ist, dass die Schülerinnen und Schüler alle Paare kennen.
2. Sie schreiben die Paare auf Karten. Falls es eine Dreiergruppe gibt, könnte man auch diese bilden, indem man einem Paar eine weitere Person hinzufügt, die mit den beiden verbunden ist, z. B. Gretchen zu Faust und Mephisto oder Dagobert zu Donald und Daisy. In diesem Fall muss den Schülerinnen und Schülern vorher gesagt werden, dass es eine Dreiergruppe gibt.

Durchführung

3. Die Lehrperson mischt die Karten.

4. Die Schülerinnen und Schüler stellen sich in einer Reihe auf und bekommen eine Karte mit einem Klebestreifen auf den Rücken geklebt, ohne dass sie erkennen, welche Person sie auf dem Rücken tragen.

5. Jetzt müssen sie ihre Teammitglieder finden. Dabei gibt es zunächst Verwirrung, da ja keiner weiß, welchen Namen er selber trägt. Die Schüler dürfen einander helfen, indem sie einem anderen, der lesen kann, was auf ihrem Rücken steht, Fragen stellen, allerdings nur solche, die mit „ja" oder „nein" beantwortet werden können, z. B. „Habe ich wirklich gelebt?" oder „War ich Politiker?" oder „Bin ich aus einer Fernsehserie?" etc. So können sie sich an die Personen herantasten, indem sie den Kreis möglicher Personen immer weiter eingrenzen. Dabei müssen sie lernen, erst weite Kategorien abzufragen, z. B. ob sie wirklich gelebt haben oder erfunden sind, und dann immer engere Fragen zu stellen. Wenn sie also wissen, dass sie erfunden sind, können sie fragen, ob sie aus einer Fernsehserie sind, wenn dies bejaht wird, können sie fragen, ob sie aus einer Zeichentrickserie sind usw.

   Während des Prozesses sollten Sie herumgehen und zuhören, so dass Sie Probleme, die Sie beobachtet haben, später thematisieren können. Ihre Präsenz während der Übung führt auch dazu, dass die Schülerinnen und Schüler sich nicht ihre Namen verraten und so die Übung unterlaufen.

   Wir empfehlen, dies erst einmal vorzumachen: Ein Schüler darf sich eine bekannte Person ausdenken und Sie fragen ihn in der oben beschriebenen Weise, bis Sie herausgefunden haben, an wen er gedacht hat.

6. Die Paare, die sich gefunden haben, suchen sich einen Tisch.

Hinweise

- Gruppen statt Paare finden: Die Paare können anschließend den Auftrag bekommen, ein anderes Paar zu suchen, das in irgendeiner Verbindung mit ihnen steht, z. B. können Adam und Eva mit Maria und Josef eine Bibel-Gruppe bilden oder Hänsel und Gretel mit Rotkäppchen und dem bösen Wolf eine Märchen-Gruppe.
- Die Schüler einbeziehen: Häufig bilden für die Schülerinnen und Schüler ganz andere Menschen berühmte Paare. Fragen Sie Ihre Schülerinnen und Schüler. Notieren Sie die Vorschläge und setzen Sie die Paare wenige Tage später oder in einer anderen Klasse zur Paarbildung ein.

Fachbezug

- Geschichte: Alle Paare können Paare aus im Unterricht behandelten Zeiten sein.
- Religion: Die Paare können alle aus der Bibel stammen. Dann muss die Klasse aber sehr bibelfest sein (siehe „Paare der Bibel", S. 42).

COPY

Paarbildung mit berühmten Paaren

Adam	Eva
Romeo	Julia
Asterix	Obelix
Donald	Daisy
Maria	Josef
Sherlock Holmes	Dr. Watson
Cesar	Kleopatra
Ernie	Bert
Goethe	Christiane Vulpius
Rotkäppchen	Der böse Wolf
Stan Laurel (Doof)	Oliver Hardy (Dick)
Dr. Jekyll	Mr. Hyde
Faust	Mephisto
Hänsel	Gretel
Winnetou	Old Shatterhand
Tarzan	Jane

COPY

Paarbildung mit berühmten Paaren der Bibel

Ester	Artaxerxes
Salomo	Königin von Saba
Judit	Holofernes
Ahab	Isebel
David	Batseba
Simson	Delila
Josef	das Weib des Potifar
Jakob	Rahel
Isaak	Rebecca
Abraham	Sara
Adam	Eva
Josef	Maria
Kain	Abel

2.4.2 Schneeballwerfen

Gruppe: Ganze Klasse, Einteilung in Paare

Zeit: 5 – 10 Minuten

Material: Weiße DIN A 4-Blätter

Alter: Alle Schulstufen

So geht es

1. Die Lehrperson teilt die Klasse in zwei gleich große Gruppen.
2. In einer der beiden Teilgruppen schreiben alle ihren Namen auf ein Blatt Papier. Dann knüllen sie ihr Papier zu einem Schneeball zusammen und werfen ihn auf die andere Seite, wo die Mitglieder der anderen Gruppe sitzen.
3. Von denen hebt jeder einen Schneeball auf und geht zu dem, dessen Name auf dem Papier steht.
4. Jedes Paar sucht sich nun einen Tisch.

Hinweis

Diese Paarbildungsübung kann wunderbar mit der Namensschildaktivität (siehe S. 67) kombiniert werden. Die Schüler interviewen sich dann gegenseitig entsprechend den Fragen auf dem Namensschild.

2.4.3 Kompass

Gruppe: Ganze Klasse, Einteilung in Paare

Zeit: Etwa 10 Minuten

Material: Blätter, auf denen ein Kompass abgebildet ist (Kopiervorlage S. 45). Diese können von den Schülerinnen und Schülern auch selbst erstellt werden.

Alter: Sekundarstufe I und II

So geht es

Vorbereitung

1. Die Lehrperson erstellt ein Blatt mit einem Kompass oder nutzt die Kopiervorlage.

Durchführung

2. Die Lehrperson gibt jedem Schüler ein Blatt mit einem Kompass oder zeichnet einen Kompass an die Tafel, den die Schüler abzeichnen.
3. Nach einem Signal des Lehrers laufen die Schülerinnen und Schüler durch die Klasse. Nun muss jeder für die vom Lehrer vorgegebene Himmelsrichtung einen Partner suchen. (L: „Sucht einen Nord-Partner!“) Die Partner tragen jeweils den Namen des anderen bei der Himmelsrichtung Nord ein.
4. Nach der Aufforderung laufen die Schülerinnen und Schüler wieder durch die Klasse. Beim nächsten Signal muss jeder wieder für die vorgegebene Himmelsrichtung einen Partner suchen. (L: „Sucht jetzt einen Ost-Partner!“) Die Partner tragen jeweils den Namen des neuen Partners bei der Himmelsrichtung Ost ein.
5. In gleicher Weise werden die Süd- und West-Partner gefunden.

Anschließend arbeiten die Partner bei verschiedenen Aufgaben zusammen. Wenn die Lehrperson z. B. sagt: „Tausche dich mit deinem Nord-Partner über die Aufgabe 3 aus“, dann geht jeder zu dem Partner, den er beim Norden eingetragen hat.

Varianten

- Damit sich die Klasse besser kennenlernt, können Sie vorgeben, dass die Partner nicht vom eigenen Tisch sein dürfen oder dass jeder mindestens einen Jungen oder ein Mädchen eingetragen haben muss.

COPY Trage deine Partner für die Himmelsrichtungen ein.

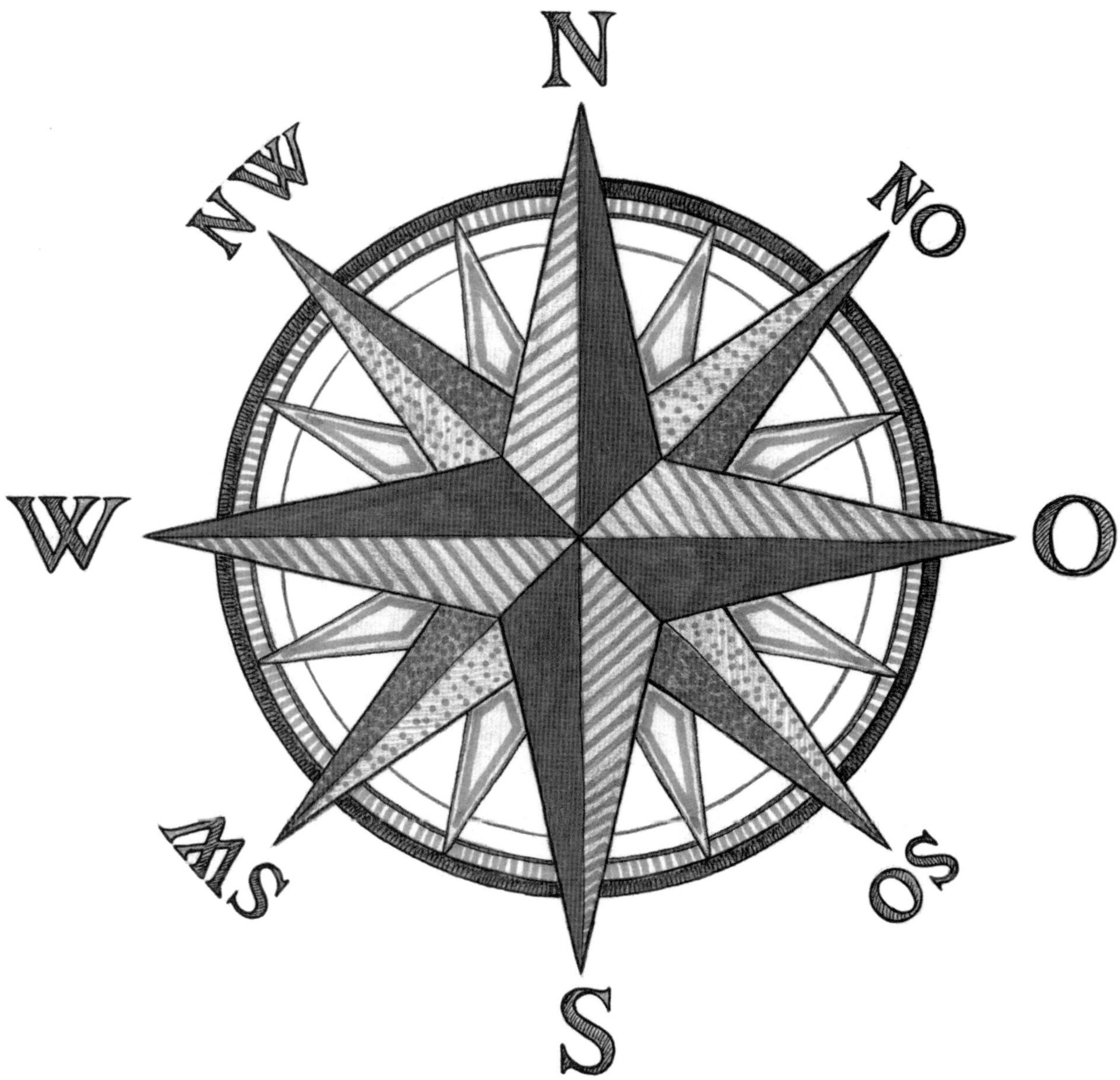

2.4.4 Verabredungskärtchen

Gruppe: Ganze Klasse, Einteilung in Paare

Zeit: Etwa 10 Minuten

Material: Blätter mit Verabredungskarten (Kopiervorlage S. 48). Diese können von den Schülerinnen und Schülern auch selbst erstellt werden.

Alter: Alle Schulstufen

So geht es

Vorbereitung

1. Die Lehrperson erstellt ein Blatt mit Verabredungskarten oder nutzt die Kopiervorlage.

Durchführung

2. Jeder bekommt eine Verabredungskarte oder zeichnet eine von der Tafel ab.
3. Die Schülerinnen und Schüler gehen in der Klasse umher und suchen sich für 9, 12, 15 und 18 Uhr jeweils einen anderen Partner. Die Namen werden zur entsprechenden Uhrzeit geschrieben. Haben sich zum Beispiel Sven und Mareike für 18 Uhr verabredet, so schreibt jede/r den anderen Namen an die Uhrzeit. Anschließend wird ein weiterer Partner für eine andere Zeit gesucht usw.
4. Vor der Partnerarbeit legen Sie fest, mit welchem Partner die Zusammenarbeit erfolgen soll: „Bitte trefft euch mit dem 12-Uhr-Partner. Der Größere fragt die Vokabeln ab...“ Diese Festlegungen können in einem längeren Zeitraum immer wieder verwendet werden.

Varianten

- Wenn Sie die Dynamik in der Klasse etwas erhöhen möchten, geben Sie für die Partnersuche nur wenig Zeit, z. B. 4 Minuten.
- Damit sich die Klasse besser kennen lernt, können Sie vorgeben, dass die Partner nicht vom eigenen Tisch sein dürfen oder dass jeder mindestens einen Jungen oder ein Mädchen eingetragen haben muss.
- Möglich ist auch, dass Sie die Schüler auffordern, um 18 Uhr als Junge ein Mädchen zu suchen und als Mädchen einen Jungen. Um 15 Uhr sollte jeder einen guten Freund eintragen, um 12 Uhr jemanden, der ihm in diesem Fach bestimmt sehr gut weiterhelfen kann, und um 9 Uhr einen Schüler, mit dem man bislang gar nicht oder nur sehr wenig gemeinsam gearbeitet hat. Auf diese Weise können Sie in der Austauschphase in Abhängigkeit von den Aufgabenstellungen unterschiedliche Paare bilden lassen.
- Wenn Sie noch mehr Paare bilden möchten, so führen Sie einfach einen 13- und 19-Uhr-Partner ein.
- In der Primarstufe passt diese Form der Partnerwahl sehr gut, wenn die Uhr beziehungsweise das Uhrlesen eingeführt worden ist. Nehmen Sie dann ein Ziffernblatt als Vorlage. Die Partner schreiben dann wechselseitig den Namen an die richtige Uhrzeit (Kopiervorlage S. 49).

Hinweise

- Die hier gebildeten Paare können sehr gut kooperieren, wenn die Schülerinnen und Schüler für längere Zeit an festen Tischgruppen sitzen. So wird die Gruppenarbeit durch Phasen der Partnerarbeit aufgelockert. Zudem wird die Beziehung innerhalb der Gesamtklasse weiter gestärkt.
- Erfahrungsgemäß verlieren einzelne Kinder ihre Verabredungskärtchen schon einmal. Lassen Sie daher von den Schülerinnen und Schülern ein Duplikat anfertigen, das Sie aufbewahren.

COPY

Verabredungskärtchen

Verabredungskarte

Name: ______________________

9:00 ______________________

12:00 ______________________

15:00 ______________________

18:00 ______________________

Verabredungskarte

Name: ______________________

9:00 ______________________

12:00 ______________________

15:00 ______________________

18:00 ______________________

Verabredungskarte

Name: ______________________

9:00 ______________________

12:00 ______________________

15:00 ______________________

18:00 ______________________

Verabredungskarte

Name: ______________________

9:00 ______________________

12:00 ______________________

15:00 ______________________

18:00 ______________________

COPY

Trage deine Partner für die Uhrzeiten ein.

3. Teamgeist schaffen und stärken

Das Kooperative Lernen gelingt leichter und ist lernwirksamer, wenn alle Schülerinnen und Schüler einer Klasse miteinander arbeiten können. Hier sind die Kompetenzen der Schülerinnen und Schüler ganz unterschiedlich ausgebildet. Und nicht selten bestimmen darüber die Zusammensetzung der Klasse und mitunter auch das Einzugsgebiet einer Schule. Meistens reicht es nicht aus, Schülerinnen und Schüler per Zufall an einen Gruppentisch zu bringen. Vielmehr müssen sie häufig erst lernen, miteinander zu arbeiten. Daher empfehlen wir, nach der Bildung der Tischgruppen zunächst teamgeistfördernde Aktivitäten durchzuführen.

Wie häufig und intensiv sollten diese Übungen im Unterricht eingesetzt werden?

Wie häufig Sie in Ihrem Unterricht diese Übungen einsetzen, hängt von zahlreichen Faktoren ab. Wenn Sie als Klassenlehrerin oder -lehrer mit vielen Unterrichtsstunden in der eigenen Klasse unterrichten, werden Sie mehr Raum für diese Übungen finden können. Wenn Sie hingegen als Fachlehrer mit vielleicht nur zwei Wochenstunden in einer Lerngruppe eingesetzt sind, werden sich eher selten Gelegenheiten bieten, die Fachinhalte zu verlassen und den Teamgeist an den Tischgruppen zu fördern.

Und natürlich hängt es auch von den Schülerinnen und Schülern ab, wie oft Sie die hier vorgestellten Übungen einsetzen sollten. In problematischen Klassen schafft man durch die Übungen manchmal erst die Voraussetzung, um gut arbeiten zu können. Dann zahlt es sich später aus, wenn man sich für die Übungen genug Zeit nimmt. Sind diese Bedingungen hingegen vorhanden oder bereits geschaffen, dann werden Sie sicher weniger Übungen zur Teambildung einsetzen. Wenn Sie bereits das Kooperativen Lernen erfolgreich und zur Zufriedenheit aller Schülerinnen und Schüler in einer Lerngruppe umsetzen, dann fördert Ihr gesamter Unterricht bereits den Zusammenhalt an den Tischgruppen. Gesonderte Übungen erscheinen dann manchmal sogar überflüssig.

Es lässt sich also kaum pauschal sagen, wie häufig die hier vorgestellten Übungen in den Unterricht integriert werden sollten. Jede Entscheidung ist nur mit Blick auf die Lerngruppe zu treffen.

Sollten diese Übungen in den Fachunterricht integriert werden?

Häufig wird gefordert, dass der Teamgeist und die Kooperationskompetenz in ausgewiesenen Methoden-Stunden oder an Trainingstagen oder gar -wochen gefördert werden sollen. Unsere Erfahrung dabei ist allerdings, dass diese Einheiten nur selten wirksam werden. Denn das, was von einzelnen Lehrpersonen in diesen Tagen – oft mit viel Engagement – angebahnt wird, findet häufig keine Fortsetzung im Unterrichtsalltag, zumindest nicht bei den Fachlehrpersonen, die das Methodentraining nicht durchgeführt haben. Denn damit ein solches isoliertes Training wirksam wird, sind genaue Absprachen notwendig, die auf der Basis von Fortbildungen getroffen werden, bei denen alle die Inhalte der Trainingstage kennengelernt haben. Und diese Absprachen müssen dann auch eingehalten werden, indem die erworbenen Kompetenzen im Unterricht weiter gefördert und eingefordert werden. Ansonsten bleiben die zuvor angebahnten sozialen und kommunikativen Kompetenzen für die Schüler nach den Trainingstagen bedeutungslos und gehen wieder verloren. Diesen Prozess zu gestalten, ist eine Herausforderung für die Schulentwicklung.

Zudem sollte bedacht werden, dass feste Trainingsmodule in der Regel in keinem diagnostischen Zusammenhang mit den Lerngruppen stehen. Dies gilt vor allem, wenn für alle Schülerinnen und Schüler eines Jahrgangs ein festes Programm angeboten wird, ganz gleich, über welche Kompetenzen die Kinder oder Jugendlichen bereits verfügen.

Wir sprechen uns daher dafür aus, dass die Übungen möglichst zum Bestandteil des Unterrichts werden, denn dann können Sie jeweils geeignete Verfahren mit Blick auf die Klasse auswählen und die Entwicklung langfristig im Blick behalten.

Reduzieren diese Übungen nicht die ohnehin schon knappe Unterrichtszeit?

Es ist eine der zentralen Aufgabe der Schule, dass die sozialen und kommunikativen Fähigkeiten gefördert werden. Und weil es dafür kein eigenes Unterrichtsfach gibt, ist jedes Fach dafür verantwortlich. Wer diese Übungen in seinem Unterricht einsetzt, kommt also dem Bildungsauftrag der Schule nach. Der Einwand, dass die Unterrichtszeit zu knapp bemessen ist, resultiert aus einem zu engen Verständnis unseres Bildungsauftrags. Dies hängt sicherlich auch damit zusammen, dass bei den Klassenarbeiten und Abschlussprüfungen nur fachlich-methodische Kompetenzen gefordert werden. Aber das darf nach unserer Auffassung nicht dazu führen, auch nur diese im Unterricht zu fördern.

Im Übrigen gelingt zudem die Förderung dieser fachlich-methodischen Kompetenzen dann am besten, wenn in der Klasse eine gute Atmosphäre herrscht und die Schülerinnen und Schüler gut zusammenarbeiten können. Aus der Forschung zum erfolgreichen Unterricht wissen wir, dass erfolgreiche Lehrerinnen und Lehrer sich u. a. dadurch auszeichnen, dass sie auf ein lernwirksames Unterrichtsklima achten: Alle Lernenden fühlen sich wohl, arbeiten konstruktiv miteinander, und es liegt eine positive Grundeinstellung zur Schule vor. Wenn aber diese Haltungen in einer Klasse oder gar in einer ganzen Schule nur bedingt vorliegen, dann muss daran gearbeitet werden. Schließlich wird dadurch auch der Lernerfolg selbst befördert.[1]

[1] Vgl. Kagan 1994, Kap. 8, S. 1.

Gibt es besondere Bedingungen für die Durchführung?

Für die hier vorgestellten teambildenden Aktivitäten braucht man in der Regel nicht sehr viel Zeit, keine besonderen Räume oder spezielle Materialien und auch keine besonderen Vorkenntnisse der Lehrer und Schüler. Ferner sind die Übungen so strukturiert, dass sie auf das Kooperative Lernen mit dem Partner oder in der Kleingruppe unmittelbar vorbereiten und einem mehr oder weniger umfassenden Lernprozess vorgeschoben bzw. in ihn integriert werden können.[2]

Welche Typen von Übungen gibt es?

Die teamgeistbildenden Übungen für Gruppen können unterschiedliche Schwerpunkte haben. Einige Aktivitäten legen ihren Schwerpunkt auf ein besseres Kennenlernen und eine vertiefte Kommunikation miteinander. Diese Übungen weisen vor allem den Charakter von Partner- oder Gruppeninterviews auf. Sie regen die Schülerinnen und Schüler an, gegenseitig etwas von sich zu berichten oder einem Partner aufmerksam zuzuhören und so eine gute Beziehung aufzubauen, um miteinander arbeiten zu können. Es geht darum, den Schülerinnen und Schülern Gelegenheiten zu eröffnen, mit anderen über etwas zu sprechen, das für sie von Bedeutung ist: persönliche Interessen, individuelle Stärken, bemerkenswerte Erfahrungen, Gemeinsamkeiten, Zukunftsvorstellungen. Aber auch die Themen des Unterrichts können zum Interviewgegenstand werden. Diese Aktivitäten zum Kennenlernen können entweder in der ganzen Klasse (vgl. Kap. 3.2) oder in den Kleingruppen (vgl. Kap. 3.3) durchgeführt werden.

Die darauf folgenden Übungen sind körperliche Aktivitäten, bei denen die Partner bzw. Gruppen in Interaktion gebracht werden (vgl. Kap. 3.4). Diese Übungen finden im Unterricht nicht immer ausreichend Raum, da sie nur schwer in den doch weitgehend auf fachlich-methodischen Kompetenzerwerb ausgerichteten Unterricht zu integrieren sind. Übervolle Lehr- und dichte Stundenpläne lassen hier kaum noch Spielraum. Ihr Einsatz kann jedoch eine Atmosphäre der Achtsamkeit und des rücksichtsvollen Umgangs miteinander befördern. Klassen oder auch ganze Schulen, in denen die Atmosphäre durch große Unruhe, schwierige Schüler oder Klassen gekennzeichnet ist, können überlegen, solche Übungen verstärkt einzusetzen, um so einen Beitrag zur Verbesserung der Schulkultur zu leisten.

Im Anschluss an die körperlichen Aktivitäten stellen wir Übungen vor, bei denen es darum geht, dass in den Gruppen eine positive, zugewandte Stimmung herrscht: Die Schülerinnen und Schüler lernen, sich freundlich zu begrüßen, sich zu loben und zu ermutigen. Dadurch wird neben dem Teamgeist auch das Selbstwertgefühl des Einzelnen gestärkt (vgl. Kap. 3.5).

Darauf folgen einige Übungen, bei der es darum geht, einen Konsens zu finden. Diese Übungen können, vor allem in Verbindung mit einer Reflexion des Gesprächsverhaltens, erzieherisch wirksam werden (vgl. Kap. 3.6).

Die anschließenden Übungen stärken den Teamgeist durch Spiele, die einen Wettbewerbscharakter haben und die Teammitglieder durch den Wunsch zusammenbringen, möglichst gut abzuschneiden (vgl. Kap. 3.7).

Den Abschluss dieses Kapitels bilden Übungen, die besonderes Vertrauen fördern, aber auch bereits erfordern (vgl. Kap. 3.8).

[2] Wer noch weitere Übungen sucht und mehr Zeit einsetzen kann, dem empfehlen wir Gudjons (2003). Allerdings müssen die dort vorgestellten Übungen häufig auf 3er- und 4er Gruppen zugeschnitten werden. Das ist in der Regel aber leicht möglich.

Wie wähle ich die Übungen aus?

Die Beantwortung der folgenden Fragen erleichtert die Auswahl der Übungen:

- Welche Aktivität passt zu Ihrer Klasse?
- Welche Übung passt zu Ihnen persönlich? Bei welcher Übung haben Sie ein gutes Gefühl?
- Welche weiteren Aktivitäten zur effektiven Förderung des Teamgeists sind Ihnen bekannt? Welche haben Sie bereits als Teilnehmer/-in erlebt oder bereits einmal moderiert?

Und wenn Sie das Gefühl haben, dass Sie einzelne Aktivitäten lieber etwas anders durchführen möchten als hier beschrieben, dann passen Sie sie an Ihren Bedarf und an Ihre Lerngruppe an!

3.1 Die Mitschüler kennenlernen

Schülerinnen und Schüler verbringen sehr viel Zeit in der Schule. Sie ist – neben der Familie – die wichtigste Sozialisationsinstanz für die Heranwachsenden. Sich innerhalb der Schule wahrgenommen, angenommen und akzeptiert zu fühlen, ist eine zentrale Voraussetzung für eine gelingende Entwicklung der uns anvertrauten Kinder und Jugendlichen. Für eine solche Atmosphäre ist es wichtig, dass die Schülerinnen und Schüler miteinander ins Gespräch kommen und etwas voneinander wissen. Dies gilt grundsätzlich für die Arbeit in Gruppen und ist zunächst unabhängig davon, ob sich die Teammitglieder bereits seit Jahren kennen oder neu in einer Klasse sind. Denn ein Team wird nur dann erfolgreich miteinander arbeiten, wenn auf der Beziehungsebene die Bereitschaft besteht, aufeinander einzugehen. Diese Bereitschaft ist in Kleingruppen (Teams) immer wieder zu fördern – ganz gleich, ob diese Teams in bestehenden Klassen oder in neuen Klassen gebildet werden. Akzeptanz, Toleranz und Zusammenhalt entstehen nicht von selbst. Wer sie im Unterricht fördert, schafft eine freundliche Lernatmosphäre und fördert nicht nur soziale, sondern auch fachliche Kompetenzen: Denn in einer Umgebung, in der sich die Schülerinnen und Schüler angenommen und aufgehoben wissen, lernen sie erfolgreicher.

Die folgenden Übungen sind unterschiedliche methodische Arrangements, in denen die Kleingruppen aufgefordert werden, miteinander ins Gespräch zu kommen. So wird die sich anschließende Arbeit an Unterrichtsinhalten auf eine stabile Grundlage gestellt. Denn für uns als Lehrkräfte gilt dasselbe wie für die Schülerinnen und Schüler untereinander: Inhaltliches Lernen ist nur möglich, wenn auch die Beziehung stimmt. Deshalb verlangt Kooperatives Lernen von uns als Begleitern der kooperativen Lernprozesse, immer wieder die Beziehung der Schüler untereinander in den Blick zu nehmen und gezielt zu fördern.

Dafür gibt es zwei grundsätzliche Möglichkeiten: Die Förderung der Beziehungen in der Klasse (Classbuildung) oder die Förderung der Beziehungen in der Gruppe (Teambuilding). Beim Classbuildung treffen sich immer wieder unterschiedliche Schülerinnen und Schüler aus der ganzen Klasse und kommen ins Gespräch. Beim Teambuilding werden die Schülerinnen und Schüler einer Tischgruppe oder Partner miteinander ins Gespräch gebracht. Im Folgenden werden zunächst Übungen zum Classbuildung (3.2) und anschließend zum Teambuilding (3.3) vorgestellt.

3.2 Sich in der Klasse kennenlernen

3.2.1 Finde jemand, der ...

Gruppe: Ganze Klasse

Zeit: Etwa 30 Minuten

Material: Kopiervorlagen (S. 55 bis 57)

Alter: Alle Schulstufen, je nach Kopiervorlage

So geht es

Vorbereitung

1. Die Lehrperson erstellt ein Blatt mit der Überschrift „Finde jemand, der...“; darunter befinden sich 9 Felder, auf denen verschiedene Eigenschaften, Hobbys, Vorlieben, Erfahrungen, Kenntnisse etc. stehen. Dazu kann auch die Kopiervorlage genutzt werden, von der es drei verschiedene Versionen gibt.

Durchführung

2. Die Lehrperson gibt ein Signal und stellt dann die Uhr ein, z. B. auf drei Minuten.
3. Daraufhin sucht sich jeder einen Partner und stellt ihm eine Frage entsprechend den Themen auf dem Blatt, z. B: „Spielst du ein Musikinstrument?“ Wird dies verneint, wird eine andere Frage gestellt. Wird die Frage bejaht, dann fragt er weiter nach dem Instrument und den Erfahrungen damit. Nach ca. 1 ½ Minuten schreibt der Fragende den Namen des Befragten in das Feld, in dem die Frage steht. Den genauen Zeitpunkt entscheiden die beiden selbst, es ertönt kein Signal.
4. Jetzt wechseln die Rollen und der andere wählt eine zu stellende Frage. Dann ertönt 3 Minuten nach dem Beginn des Gesprächs der beiden wieder das Signal und jeder sucht sich einen neuen Partner.
5. Das geht so insgesamt neun Runden lang. Am Ende sollte jeder möglichst überall einen Namen stehen haben.

Vgl. Craigen / Ward, 1996, S. 14f.

COPY **Finde jemanden, der ...**

Finde einen Mitschüler oder eine Mitschülerin, ...

Version: Sekundarstufe I und II

1. ....der / die mit Begeisterung liest, und zwar sowohl für die Schule als auch, weil es ihm / ihr Spaß macht. Name: ____________________ *Frage:* *Was ist dein Lieblingsbuch? Warum?*	2. ..., der / die so viel Phantasie hat, dass er / sie sich vorstellen kann, wie etwas aussieht, bevor er / sie mit der Arbeit begonnen hat. Name: ____________________ *Frage:* *Gibt es eine Sache, die du schon gemacht hast, in der die Phantasie sehr wichtig war?*	3. ..., der / die wenigstens einmal in der Woche regelmäßig Sport treibt. Name: ____________________ *Frage:* *Welche Vorteile hast du durch regelmäßigen Sport?*
4. ..., der / die zumindest zeitweise gerne in die Schule geht. Name: ____________________ *Frage:* *Wann gehst du warum gerne in die Schule?*	5. ..., der / die ein Musikinstrument spielt. Name: ____________________ *Frage:* *Welches Musikinstrument?* *Welche Erfahrungen hast du damit gemacht?*	6. ..., der / die in einer Gruppe gerne organisiert. Name: ____________________ *Frage:* *Was wurde von dir in einer größeren Gruppe organisiert?*
7. ..., der / die gerne Strategiespiele spielt oder logische Denkaufgaben löst. Name: ____________________ *Frage:* *Welches ist dein Lieblingsspiel?*	8. ... der / die eine Vorstellung davon hat, was für ihn / sie guter Unterricht ist. Name: ____________________ *Frage:* *Welche Merkmale hat für dich guter Unterricht?*	9. ..., der / die die Natur liebt und sich dafür verantwortlich fühlt, sie zu schützen. Name: ____________________ *Frage:* *Worin siehst du die größte Gefahr für unsere Umwelt?* *Was machst du, um die Natur zu schützen?*

COPY

Finde jemanden, der ...

Finde einen Mitschüler oder eine Mitschülerin, ...

Version: Primar- und Mittelstufe

1. der / die blaue Augen hat ....
2. der / die drei Geschwister hat ....
3. der / die in den Sommerferien in ein anderes Land reist(e) ....
4. dessen / deren Vater oder Mutter Lehrer/in ist ....
5. dessen / deren liebste Fernsehsendung dieselbe ist wie deine ....
6. der / die schon einmal gecampt hat ....
7. der / die gerne liest ....
8. der / die eine Brille trägt ....
9. der / die Spinat mag ....
10. dessen / deren Lieblingsfarbe pink ist ....
11. der / die im September Geburtstag hat ....
12. dessen / deren Vaters Name Thorsten ist ....
13. der / die zu Fuß zur Schule kommt ....
14. der / die das einzige Kind in seiner / ihrer Familie ist ....
15. der / die mit dem Bus zur Schule kommt ....
16. der / die eine verheiratete Schwester hat ....
17. der / die Ratten mag ....
18. der / die aus einer anderen Stadt kommt ....
19. der / die größer ist als du ....
20. der / die im Vornamen sechs Buchstaben hat ....

Wenn du fertig bist, ergänze die Liste mit weiteren Merkmalen und suche Mitschülerinnen und Mitschüler dazu.

COPY **Finde jemanden, der ...**

Finde einen Mitschüler oder eine Mitschülerin, ...

Version: Primar- und Mittelstufe

1. der / die gerne Ski läuft ....
2. der / die kochen kann ....
3. der / die ein Buch von Astrid Lindgren gelesen hat ....
4. der / die kein Harry Potter-Buch gelesen hat ....
5. der / die einen Fan-Schal besitzt ....
6. der / die hin und wieder auf Kleinkinder aufpasst ....
7. der / die schon einmal Wintersport gemacht hat ....
8. der / die schon einmal in einem anderen Land war ....
9. der / die das älteste Kind in der Familie ist ....
10. der / die ein Musikinstrument spielt ....
11. der / die größere Schuhe hat als du ....
12. der / die ein Haustier hat ....
13. der / die Lieder von den Beatles mag ....
14. der / die einen jüngeren Bruder hat ....
15. der / die schon irgendwo anders gelebt hat ....
16. der / die eine jüngere Schwester hat ....
17. der / die Computerspiele liebt ....
18. der / die eine Sportlerkarriere machen will ....
19. der / die in einem Chor singt ....
20. der / die andere Sprache spricht ....
21. der / die Nutella mag ....
22. der / die gerne campt ....
23. der / die in einem Sportverein ist ....

3.2.2 Begrüßung

Gruppe: Ganze Klasse; wechselnde Partner

Zeit: Etwa 30 Minuten

Material: –

Alter: Alle Schulstufen

So geht es

Alle Schülerinnen und Schüler gehen im Klassenraum umher. Bei einem Signal begrüßen sich die nahestehenden Mitschüler. Allerdings gibt die Lehrperson immer eine Anweisung, wie die Begrüßung zu erfolgen hat:

- Begrüßt euch, wie sich Politiker im Fernsehen begrüßen.
- Begrüßt euch, wie die Sportler einer Fußballmannschaft.
- Begrüßt euch, wie es gute Freunde tun.
- Begrüßt euch, wie ihr es am liebsten tut.
- (...)

3.2.3 Einem Partner etwas erzählen

Gruppe: Ganze Klasse, wechselnde Partner

Zeit: Etwa 10 Minuten

Material: —

Alter: Alle Schulstufen

So geht es

1. Alle gehen durch den Raum. Jeder sucht sich einen Partner. Zunächst berichtet ein Schüler jeweils 30 oder 60 Sekunden lang seinem Partner etwas. Der Unterrichtende gibt nach der vorgegebenen Zeit ein Signal. Jetzt wechseln die Schülerinnen und Schüler die Rollen, wer zuvor gesprochen hat, der muss jetzt zuhören.
2. Die Lehrperson gibt nach einer bzw. zwei Minuten ein weiteres Signal. Jetzt läuft jeder durch den Klassenraum. Bei einem erneuten Signal sucht sich dann jeder einen neuen Partner usw.

Die Themen können frei gewählt werden. Für die Schülerinnen und Schüler ist es aber oftmals hilfreich, wenn die Lehrperson die Gesprächsthemen vorgibt. Dies ist bei fachlicher Ausrichtung ohnehin notwendig.

Persönliche Themen

- Sommerferien
- Hobbys
- Letztes Wochenende
- Rezepte
- Schulerfahrungen
- Erwartungen an den Klassenlehrer
- (...)

Unterrichtliche Themen

- Woran erinnerst du dich aus der letzten Unterrichtsreihe zum effizienten Lesen?
- Erkläre, welche Proben du aus dem Deutschunterricht noch kennst und wozu sie verwendet werden können.
- Welche Gefühle und Gedanken hast du, wenn du hörst, dass wir uns mit der Französischen Revolution beschäftigen werden?
- (...)

Hinweise

- Wenn die Zeiten kurz gehalten werden, kommen viele Schüler miteinander ins Gespräch. Die Gespräche bleiben aber oberflächlich. Hingegen verlangen persönlichere Themen oder bestimmte fachliche Inhalte mehr Zeit.
- Je weniger die Schülerinnen und Schüler zum Thema sagen können, desto kürzer muss die Gesprächsphase sein. Das gilt erfahrungsgemäß v. a. für jüngere Schülerinnen und Schüler.

3.2.4 Aufreihen

Gruppe: Jede Größe, wechselnde Partner

Zeit: Etwa 5 – 10 Minuten

Material: —

Alter: Alle Schulstufen

So geht es

1. Bilden Sie zwei Reihen, die sich ansehen.
2. Die Schülerinnen und Schüler auf der einen Seite haben jetzt 30 Sekunden Zeit, dem Gegenüber etwas über sich zu erzählen.
3. Dann haben die Schülerinnen und Schüler auf der anderen Seite 30 Sekunden Zeit, etwas über sich zu erzählen.
4. Anschließend rückt eine Reihe um eine/n oder zwei Schüler/innen weiter nach links, und wieder haben beide Seiten Zeit zum Erzählen.

Hinweise

- Bei ungerader Schülerzahl muss ein Paar einem anderen Schüler zugeordnet werden.
- Hinsichtlich der Gesprächsinhalte gilt das bereits zuvor Gesagte (vgl. 3.2.3).
- Diese Übung lässt sich auch mit dem Kugellager durchführen (vgl. Brüning / Saum 2006, S. 67).

3.3 Seinen Partner kennenlernen – die Gruppenmitglieder kennenlernen

Die folgenden Übungen können sowohl bei der Partnerarbeit als auch in Kleingruppen angewandt werden. Wenn die Übungen als Partneraufgaben konstruiert sind, dann kann jeweils eine Anschlussaufgabe gestellt werden, die lautet: „Stelle in der Gruppe vor, was dein Partner gesagt hat.“

3.3.1 Partnerinterviews

Gruppe:	Partnerarbeit oder 3er- und 4er-Gruppen
Zeit:	10 – 15 Minuten
Material:	DIN A 4-Papierbogen, Schreibzeug
Alter:	Alle Schulstufen

So geht es

Die Schüler führen Partnerinterviews mit vorgegebenen Fragen, z. B. mit den in der Tabelle stehenden. Die Fragen können zuvor auch in der Klasse gesammelt werden (Folie / Tafel). Anschließend legt jeder Schüler einen Interview-Bogen an und befragt seinen Nachbarn oder ein Gruppenmitglied. Das, was jeder über seinen Partner erfahren hat, stellt er in der Tischgruppe vor. So wird jeder seinem Partner aufmerksam zuhören.

1. Einzelarbeit: Jeder Schüler bekommt die Fragen und überlegt, was er antworten wird.
2. Partnerarbeit: Die Schülerpaare befragen sich gegenseitig. Dazu sollte die Lehrperson feste Zeitvorgaben machen, z. B. 3 Minuten pro Person. Dann wechseln die Schüler ihre Rollen, wer zuvor befragt wurde, der stellt jetzt die Fragen.
3. Gruppenarbeit: Die Schülerinnen und Schüler stellen an der Tischgruppe ihren Partner im Uhrzeigersinn vor, so dass alle Schüler der Tischgruppe nach und nach von ihrem Partner vorgestellt werden.

- Wo bist du geboren?
- Welche Eissorte schmeckt dir am besten?
- Welche Jahreszeit ist dir am liebsten?
- Hast du einen Spitznamen? Möchtest du damit angeredet werden?
- Womit kannst du dich am ehesten selbst beschreiben: Dreieck, Kreis, Pfeil?
- In welches Land würdest du am liebsten reisen: Hawaii, Kuba, Japan?
- Hast du schon einen Berufswunsch?
- Wo möchtest du am liebsten deine Ferien verbringen?
- Hast du ein besonders schönes Schulerlebnis?
- Wer ist dein Vorbild?
- Was liegt dir am meisten: Auge (sehen, beobachten), Ohr (hören, aufnehmen), Mund (sprechen, mitteilen)? Warum?
- Stell dir vor, du bist ein Tier. Welches Tier wärest du dann?
- Welches Werkzeug passt am meisten zu dir?
- (...)

3.3.2 Was mein Name sagt

Gruppe:	Partnerarbeit oder 3er- und 4er-Gruppen
Zeit:	10 – 15 Minuten
Material:	DIN A 4-Papierbogen, Schreibzeug
Alter:	Alle Schulstufen

So geht es

1. **Einzelarbeit:** Die Schüler schreiben ihren Vornamen in Großbuchstaben untereinander. Zu jedem Buchstaben soll eine Eigenschaft, Besonderheit oder Stärke, die auf ihn zutrifft und die diesen Buchstaben enthält, geschrieben werden (Selbstbeschreibung).
2. **Gruppenarbeit:** Anschließend stellen sich die Gruppenmitglieder ihre Eigenschaften gegenseitig vor und erläutern sie näher. Hier können Sie die Schüler anregen, ein Gespräch zu führen, in dem auch Rückfragen gestellt werden, so dass jeder möglichst viel über den anderen erfährt.

Hinweis

Das Vorgehen kann natürlich auch als Partnerinterview mit anschließender Vorstellungsrunde gestaltet werden (vgl. S. 61 / 62 – Partnerinterviews).

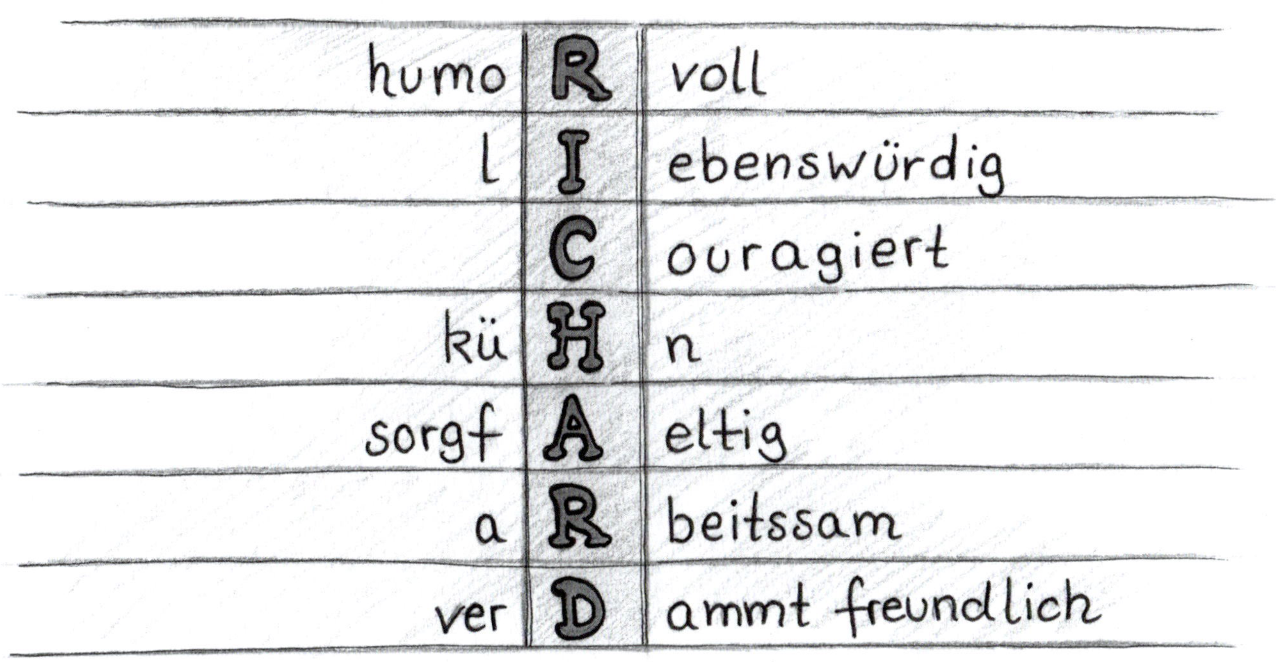

3.3.3 Pfeifenputzer

Gruppe: Partnerarbeit oder 3er- und 4er-Gruppen

Zeit: 15 Minuten

Material: ca. 60 Pfeifenputzer (farbige Pfeifenputzer sind im Tabakwarengeschäft erhältlich)

Alter: Alle Schulstufen

So geht es

1. **Einzelarbeit:** Jeder Schüler erhält einen oder zwei Pfeifenputzer. Diese(n) formt er zu einer Figur, die etwas mit ihm zu tun hat.
2. **Gruppenarbeit:** In der Gruppe werden die Ergebnisse vorgestellt. Dabei erläutert jeder, was seine Figur mit ihm zu tun hat.

Variante

Statt eines Pfeifenputzers kann auch ein Bogen Papier verwendet werden. Die Schülerinnen und Schüler müssen dann mit dem Papierbogen etwas gestalten (falten, reißen, schneiden, bemalen), das mit ihnen zu tun hat.

3.3.4 Das eigene Wappen erstellen

Gruppe: Partnerarbeit oder 3er- und 4er-Gruppen

Zeit: 45 Minuten

Material: Eine Kopie eines leeren Wappens – alternativ zeichnen die Schüler selbst ein Wappen, ggf. große Bögen

Alter: Primar- und Sekundarstufe I

So geht es

1. Jeder Schüler fertigt sein eigenes Wappen an.
2. In Quadrant 1 malt er seine Lieblingsbeschäftigung, in Quadrant 2 seine Lieblingsspeise, in Quadrant 3 seinen Lieblingssport, in Quadrant 4 das, was er werden will. Wenn das Wappen fertig ist, geht der Schüler zu seinem Partner.
3. Sie stellen sich gegenseitig ihr Wappen vor.
4. Dann stellt jeder Partner in seiner Gruppe das Wappen seines Partners vor.

Hinweise

- Natürlich können Sie auch andere Kriterien vorgeben, nach denen die Schülerinnen und Schüler persönliche Wappen gestalten.
- Wer den Teamgeist an den Tischgruppen fördern möchte, der kann nun den Auftrag erteilen, auf einem großen Bogen ein Gruppenwappen zu erstellen. Die Wappen werden dann für die Zeit, in der die Gruppen an einem Tisch bleiben, in der Klasse aufgehängt.

3.3.5 Gemeinsamkeiten des Teams

Gruppe: 3er- und 4er-Gruppen

Zeit: 15 – 30 Minuten

Material: A 2- oder 3-Bögen

Alter: Alle Schulstufen

Die Schüler erfahren, welche Vorlieben sie mit den anderen Gruppenmitgliedern gemeinsam haben und was sie von ihnen unterscheidet. Sie sollen dadurch auch lernen, dass Gruppenmitglieder nicht nur Gemeinsamkeiten haben, sondern auch Unterschiede akzeptiert werden müssen.

So geht es

Schritt 1: Ein Schüler zeichnet ein Rechteck in die Mitte eines DIN A 3-Blatts und gibt es an den nächsten im Uhrzeigersinn weiter.

Schritt 2: Der nächste Schüler zeichnet eine Verbindungslinie von einer Ecke des Rechtecks an die nächste Ecke des Bogens und gibt das Blatt dann weiter.

Schritt 3 – 5: Alle Ecken werden entsprechend mit einer Linie versehen

Schritt 6: Alle äußeren Felder erhalten eine Nummer

Schritt 7: Der Schüler, der vor dem Feld 1 sitzt, sagt nun, was er gerne macht oder mag: „Ich mag gerne Schokoladen-Eis“, „Ich lese gerne“, „Ich fahre gerne an die See“ etc. Dann sagen die anderen, ob dies auch auf sie zutrifft. Die Zahlen in den Feldern stehen für die Anzahl der Schülerinnen und Schüler der Gruppe, die diese Vorliebe teilen. Wenn alle die Vorliebe teilen, dann schreiben sie in Feld Nr. 4: „Schokoladen-Eis“; wenn dies nur für zwei Schüler zutrifft, wird dies in Feld Nr. 2 eingetragen. Und so geht es im Uhrzeigersinn weiter: Schüler 2 sagt z. B: „Ich spiele gerne Fußball“. Und weil zwei andere auch gerne Fußball spielen, wird es in Feld Nr. 3 eingetragen. Dies wird so lange durchgeführt, bis die Lehrperson die Phase beendet.

Schritt 8: Die Gruppen entwickeln jetzt einen Gruppennamen, in dem die Gemeinsamkeiten der Gruppenmitglieder aufgenommen sind. In das zentrale Feld in der Mitte wird der Gruppenname eingetragen. Er kann dann auch noch illustriert oder gestaltet werden.

Vgl. Kagan 1994, Kap. 8, S. 4.

3.3.6 Namensschild-Methode

Gruppe: 3er- und 4er-Gruppen

Zeit: 15 – 30 Minuten

Material: A 4-Bögen, ggf. als Kopiervorlage (s. S. 68)

Alter: Alle Schulstufen

So geht es

1. **Einzelarbeit:** Jeder schreibt seinen Namen in die Mitte eines DIN A4-Blattes und beantwortet dann die vier Fragen in den vier Feldern auf dem Blatt. Die Fragen müssen nicht auf dem Blatt stehen, sondern können auch auf die Tafel oder auf eine Folie geschrieben werden.
2. **Partnerarbeit:** Jeder sucht sich einen Partner oder wird einem Partner nach dem Zufallsprinzip zugewiesen. Die eine Hälfte der Klasse kann ihr Blatt auch zu einem Schneeball knüllen und in die andere Raumhälfte werfen. Dort hebt jeder einen Schneeball auf und geht zu demjenigen, dessen Name auf dem Blatt steht. Die beiden Partner stellen sich gegenseitig ihre Antworten vor.
3. **Gruppenarbeit:** Jedes Paar sucht sich ein weiteres Paar, Person A stellt B vor und C stellt D vor und umgekehrt.

Anschließend bildet die Gruppe eine Gruppenidentität. Um dies anzuleiten, gibt es verschiedene Arbeitsaufträge, die alle darauf zielen, dass die Schülerinnen und Schüler etwas Gemeinsames herstellen sollen:

- Entscheidet euch für einen Gruppennamen, in dem die Stärken der Gruppenmitglieder deutlich werden.
- Stellt eine Gruppenflagge oder ein Gruppenwappen oder -logo her.
- Entwickelt ein Gruppenmotto, Gruppenlied etc.

Varianten

Auch die thematisch orientierte Verwendung dieser Methode im Unterricht ist möglich. Dann müssen nur die Fragen verändert werden, etwa „Was habe ich aus der vergangenen Unterrichtsreihe behalten?“ Oder: „Welche Probleme habe ich bei der Anwendung des Dreisatzes?“

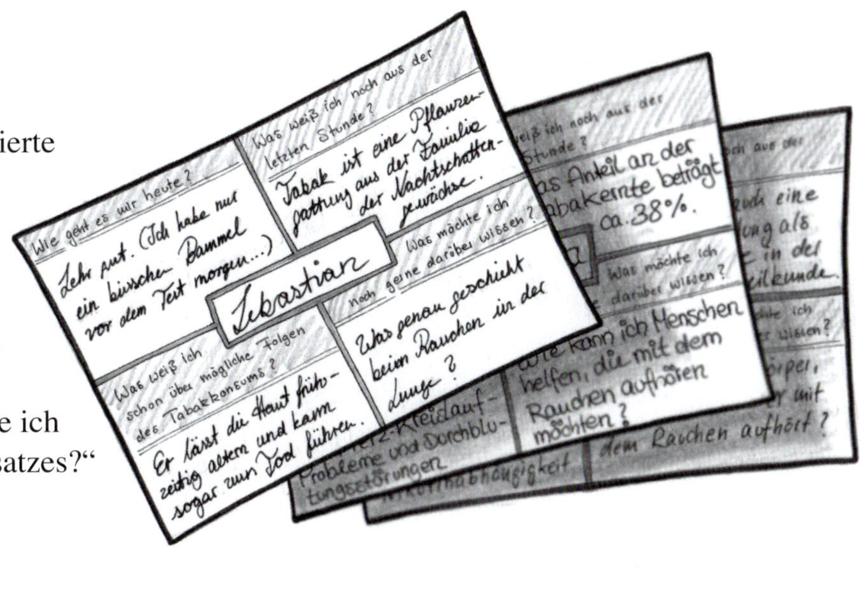

Vgl. Johnson / Johnson 1990, S. 2.

COPY

Namensschild zum Kennenlernen

Mein liebstes Urlaubsziel

Mein schönstes Erlebnis in der Schule

Das beherrsche ich besonders gut

Meine Lieblingsmusikgruppe, mein Lieblingsfilm oder -buch

3.3.7 Richtig oder falsch?

Gruppe: 3er- und 4er-Gruppen

Zeit: 15 – 30 Minuten

Material: A 4-Papier, ggf. Kopiervorlage (S. 70)

Alter: Alle Schulstufen

So geht es

1. **Einzelarbeit:** Jeder schreibt drei Dinge über sich auf. Allerdings soll eine Aussage nicht der Wahrheit entsprechen.
2. **Gruppenarbeit:** Im Uhrzeigersinn stellt zunächst immer ein Schüler seine Aussagen vor. Die anderen Tischgruppenmitglieder überlegen einen Augenblick, welche Aussagen zutreffen und welche frei erfunden ist.

   Anschließend stellen sie ihre Überlegungen vor.

   Wenn alle Teammitglieder ihre Vermutungen geäußert und diese etwas erörtert haben, dann löst der Schüler das Rätsel auf.

   Jetzt stellt der nächste Schüler seine Aussagen vor, so dass am Ende der Übung jeder etwas von sich berichtet hat.

Hinweis

Für diese Übung benötigt man nicht zwingend eine Kopiervorlage. Jugendliche oder Erwachsene können sie auch ganz ohne Notizen durchführen.

Vgl. Bennett, Rolheiser, Stevahn 1991, S. 247.

COPY

Richtig oder falsch?

Schreibe drei Behauptungen über dich selbst auf. Zwei davon sind richtig, eine ist falsch. Bitte im Anschluss deine Teammitglieder zu raten, welche Aussagen richtig sind!

3.3.8 Persönliche Geschichten erzählen

Gruppe: 3er- und 4er-Gruppen

Zeit: 45 – 60 Minuten

Material: A 4-Papier, ggf. Kopiervorlage S. 72 und 73.

Alter: v. a. Sekundarstufe I, aber auch bis Sekundarstufe II

Der Lehrer gibt Fragen vor, die dazu anregen, von persönlichen Vorlieben, eigenen Erfahrungen oder besonderen Ereignissen in einer Geschichte zu berichten. Denn Teammitglieder hören sich häufig aufmerksamer und respektvoller zu, wenn sie sich zuvor persönliche Geschichten erzählt haben.

So geht es

1. Die Schüler bekommen den Arbeitsauftrag, ggf. mit den Fragen.
2. Sie entwerfen ein Stichwortgerüst einer Geschichte, z. B. mit Hilfe eines Sequenzdiagramms (siehe Seite 73).
3. Ein erster Schüler stellt seine Geschichte den Mitgliedern der Tischgruppe vor.
4. Die andern Schüler geben eine Rückmeldung zur Geschichte.

Hinweise

- Diese Übung bietet sich vor allem an, wenn der Deutschunterricht den Kompetenzbereich „Erzählen" in den Blick nimmt. Mit Hilfe des Sequenzdiagramms kann der sinnvolle Aufbau einer Geschichte geübt werden.

Vgl. Bennett, Rolheiser, Stevahn 1991, S. 249.

Aufgabe

Erfinde eine kurze Geschichte, in der du selbst irgendwie vorkommst. Berücksichtige dabei Dinge von dir, die der Wahrheit entsprechen. Die Geschichte selbst sollst du aber erfinden.

Die folgenden Fragen können dir helfen, etwas von dir in die Geschichte einzubauen:

1. Welchen Lieblingsplatz hast du in der Welt? Warum?
2. Wo gehst du hin, wenn du dich einmal erholen möchtest? Warum kannst du dich gerade dort gut erholen?
3. Denke zurück an deine Zeit im Kindergarten! Was an dir hat sich seit der Zeit nicht verändert? Was hat sich verändert?
4. Wie bist du zu deinem Namen gekommen? Wer hat deinen Namen vorgeschlagen? Hast du einen Spitznamen? Magst du deinen Namen? Welchen Namen hättest du dir gegeben?
5. Bist du jemals in Gefahr gewesen? Kannst du dich daran noch erinnern? Wie bist du aus dieser Situation wieder herausgekommen?
6. Wer ist dein Lieblingslehrer? Warum?
7. Was ist das schwierigste Problem, das du bisher gelöst hast? Wie hast du es gelöst?
8. Wem vertraust du am meisten? Was ist das Besondere an dieser Person?
9. In welchem Moment bist du am stolzesten gewesen? Weshalb?
10. Welche drei Lieblingslieder hast du? Was findest du an diesen Liedern besonders gut?
11. Welche berühmte Person möchtest du einmal persönlich treffen? Was würdest du ihr sagen?
12. Wenn du irgendwo anders leben müsstest, wo sollte das sein? Weshalb?
13. Wenn du ein Ereignis aus der Vergangenheit ungeschehen machen könntest, was würde das sein? Weshalb?
14. Was würdest du mit 100 Euro anfangen?
15. (...)

TIPP

Trage die Ideen deiner Geschichte in das Sequenzdiagramm ein. Nutze dazu Stichworte, mit denen du die Geschichte erzählen kannst.

COPY

Sequenzdiagramm

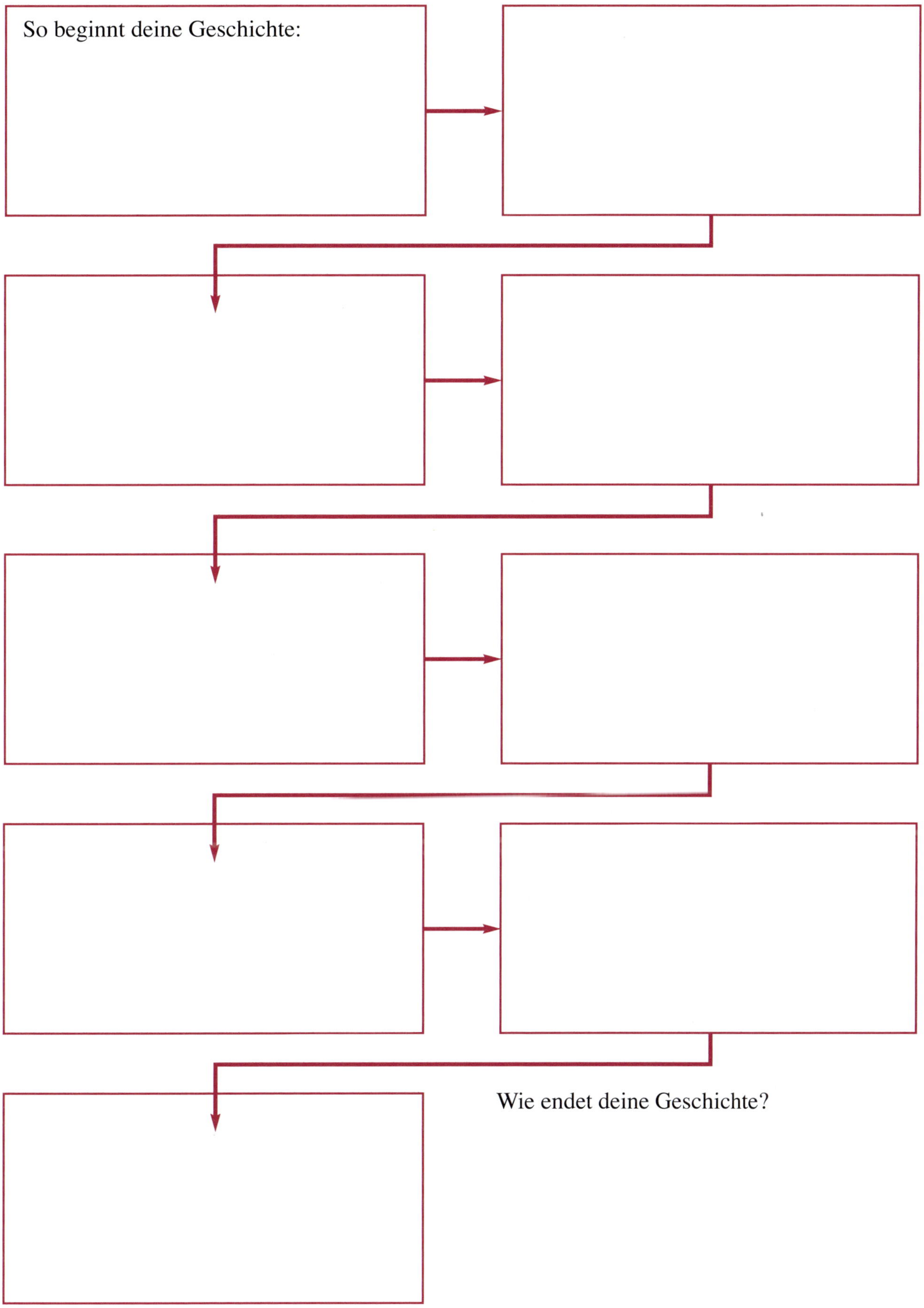

3.3.9 Geschichten aus dem Leben

Gruppe: 3er- und 4er-Gruppen

Zeit: 15 – 30 Minuten

Material: Ein persönlicher Gegenstand, den jedes Kind von zuhause mitbringt

Alter: Alle Schulstufen

Fast jeder Mensch hat bestimmte Dinge, von denen er sich nie trennen möchte. Sie erinnern uns an ein Ereignis, an eine bestimmte Zeit oder an uns lieb gewordene Menschen. Diese Dinge sind für uns Symbole, denn sie stehen stellvertretend für eine bestimmte Erinnerung. Mitunter bekommen diese Symbole einen besonderen Platz in unserer Wohnung, vielleicht tragen wir sie auch immer bei uns.

So geht es

Fordern Sie Ihre Schüler auf, ein solches Symbol mitzubringen. In der Gruppe sollen sie dann erzählen, was das Symbol für sie bedeutet und was sie damit verbinden.

Vgl. Bennett, Rolheiser, Stevahn 1991, S. 255f.

3.3.10 Teamgeist durch Interviews fördern

Gruppe: 3er-Gruppen

Zeit: 15 – 20 Minuten

Material: Schreibutensilien, ggf. Kopiervorlage S. 76

Alter: Primarstufe bis Mittelstufe

In dieser Übung lernen die Schülerinnen und Schüler sich besser kennen. Gleichzeitig schult diese Übung aber auch das aufmerksame Zuhören und das sorgfältige Protokollieren.

So geht es

Die Schülerinnen und Schüler einigen sich in der Gruppe auf drei für sie interessante Interviewfragen. Anschließend tragen sie diese drei Fragen in die Interviewtabelle ein (Kopiervorlage S. 76). Dann legen sie fest, wer das erste Interview führt, wer antwortet und wer die Antworten aufschreibt.

Anschließend beginnt das eigentliche Interview: Der erste Interviewer fragt einen Partner. Wenn dieser antwortet, notiert der Protokollant eine kurze Zusammenfassung der Antwort in das entsprechende Feld. Die Rollen wechseln im Uhrzeigersinn, so dass alle Schülerinnen und Schüler einmal jede Rolle hatten.

TIPP

- In den unteren Jahrgangsstufen ist der Hinweis auf Fernsehinterviews hilfreich und für die Schülerinnen und Schüler motivierend.
- Mit Hilfe der Kopiervorlage als Folie kann das Vorgehen sehr gut erklärt werden. Erfahrungsgemäß verstehen die Schüler die Übung so sehr schnell.
- In der Übung 3.3.8 „Persönliche Geschichten erfinden“ (vgl. S. 72) finden sich viele Fragen, aus denen die Schüler drei für ihr Interview auswählen können.

Vgl. Kagan 1994, Kap. 8, S. 2

COPY

Tabelle für ein Gruppeninterview

Häufig könnt ihr im Fernsehen sehen, dass berühmte Persönlichkeiten interviewt werden. Dadurch erfahrt ihr etwas über diese Menschen. Das ist auch der Zweck dieser Übung: Damit ihr euch in der Gruppe besser kennen lernt, sollt ihr euch gegenseitig interviewen.

Dazu einigt ihr euch in der Gruppe zunächst auf drei Interviewfragen. Die Fragen sollten so gewählt sein, dass euch die Antworten der Teammitglieder interessieren werden. Tragt die Fragen in die Tabelle ein, so wie es in dem Beispiel gezeigt ist. Legt jetzt fest, wer das erste Interview führt, wer antwortet und wer die Fragen und Antworten aufschreibt.

Jetzt geht es los: Der erste Interviewer fragt einen Partner. Wenn dieser antwortet, notiert der Protokollant eine kurze Zusammenfassung der Antwort in das entsprechende Feld. Die Rollen wechseln im Uhrzeigersinn, so dass alle Schülerinnen und Schüler einmal jede Rolle hatten.

Name	Frage 1 Was macht dich glücklich?	Frage 2 Welche Dinge machen dich traurig oder unglücklich?	Frage 3 Wer ist dein Lieblingslehrer an der Schule? Warum?
Julia	Antwort: Wenn ich mit meinem Opa segeln gehe.		

Name	Frage 1	Frage 2	Frage 3

3.3.11 Vorlieben und Abneigungen

Gruppe: 3er-Gruppen

Zeit: 15 – 20 Minuten

Material: Kopiervorlage S. 78

Alter: Alle Schulstufen

So geht es

1. **Einzelarbeit:** Die Schülerinnen und Schüler schreiben fünf Tätigkeiten auf, die sie gerne ausüben oder gerne ausüben würden. Anschließend notieren sie zwei Tätigkeiten, die sie nur ungern tun. (2 Minuten)
2. **Partnerarbeit:** Sie suchen jemanden, den sie noch nicht gut kennen, und tauschen sich mit der Person im Wechsel über ihre Vorlieben und Abneigungen aus. (5 Min.)
3. **Gruppenarbeit:** Jedes Paar sucht sich jetzt ein weiteres Paar. Sie stellen gegenseitig die Vorlieben und Abneigungen des jeweiligen Partners vor. (8 Min.)
4. Anschließend nehmen die Gruppenmitglieder an einem Tisch Platz. Dort können sie noch eine Liste mit gemeinsamen Vorlieben und Abneigungen erstellen. (5 Min.)
5. Es ist möglich, dass die Tischgruppenmitglieder aufgrund der Liste gemeinsamer Vorlieben und Abneigungen Gruppennamen formulieren. (4 Min.)

COPY **Was magst du? Was magst du nicht?**

Einzelarbeit

1. Schreibe fünf Tätigkeiten auf, die du gerne ausübst oder ausüben würdest, und zwei Dinge, die du ungern tust. (2 Minuten)

Meine Vorlieben	**Meine Abneigungen**
1.____________________	1.____________________
2.____________________	2.____________________
3.____________________	
4.____________________	
5.____________________	

Partnerarbeit

2. Suche dir jemanden, den du noch nicht so gut kennst, und tauscht euch über eure Vorlieben und Abneigungen aus. (5 Min.)

Gruppenarbeit

3. Findet jetzt ein weiteres Paar, dem ihr euch gegenseitig mit euren Vorlieben und Abneigungen vorstellt, und umgekehrt. (8 Min.)
4. Sucht mit euren neuen Gruppenmitgliedern einen Tisch, an dem ihr euch niederlasst. Erstellt jetzt eine Liste mit euren gemeinsamen Vorlieben und Abneigungen. (5 Min.)
5. Denkt darüber nach, welche Vorlieben und Abneigungen ihr gemeinsam habt. Überlegt jetzt, welchen Namen ihr eurer Tischgruppe geben könnt. (4 Min.)

Plenum

6. Jetzt werden in der Klasse die Ergebnisse der Gruppen vorgestellt.

3.3.12 Die kommunikative Hand

Gruppe: Partnerarbeit und 4er-Gruppen

Zeit: 10 – 20 Minuten

Material: Papier und Bleistift

Alter: Alle Schulstufen

So geht es

Partnerarbeit

Jeder Teilnehmer malt die Umrisse der Hand seines Partners auf ein DIN A 4-Papier und gibt das Papier seinem Partner.

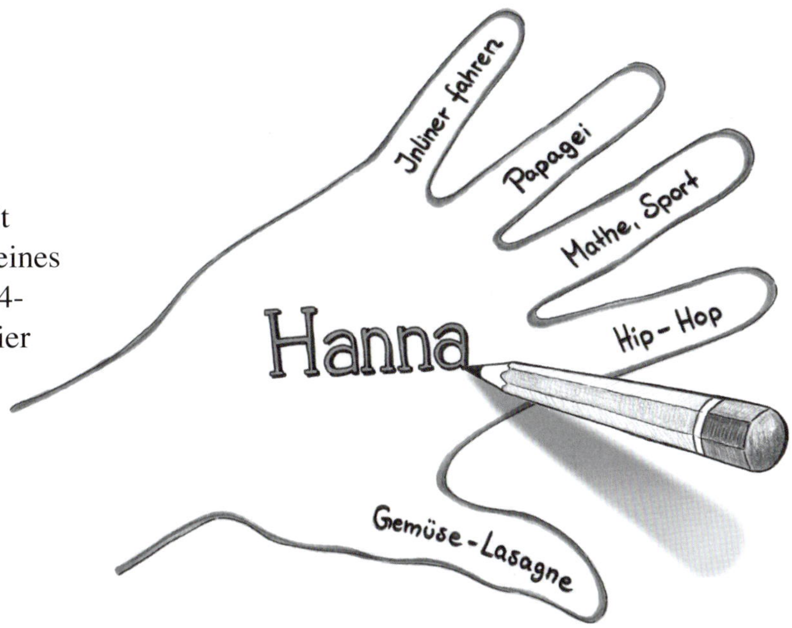

Einzelarbeit: Jeder schreibt jetzt seinen Namen in seine Hand. In die fünf Finger schreibt jeder jeweils ein Stichwort, das Auskunft über Vorlieben, Hobbys, Lieblingsessen usw. gibt.

Partnerarbeit: Im anschließenden Partnerinterview stellen sich die Teilnehmer vor.

Gruppenarbeit: In der Teamarbeit stellen sich die beiden Partner wechselseitig dem anderen Paar vor, d. h. Person A stellt Person B vor und die beiden anderen Teilnehmer C und D hören zu usw.

Varianten

- Mit dieser Übung kann auch thematisch gearbeitet werden. Dann wird in die Mitte das Thema oder Problem geschrieben, in oder an die Finger notieren die Schüler ihre Antworten.
- Deutsch / Fremdsprachen: Wortfeldtraining: Ein Oberbegriff wird in die Mitte geschrieben, jeder findet fünf zugehörige Begriffe und tauscht sie aus.
- Geografie: Länder Europas: Jeder schreibt ein Land in seine Handfläche, in die Finger werden die Hauptstadt, der größte Fluss, die Währung und die Einwohnerzahl eingetragen sowie die Nationalflagge gemalt.

Vgl. Praxis Schule, H. 6, 2002, S. 32.

3.3.13 Hilfreiche Hände

Gruppe: Partnerarbeit

Zeit: 10 – 20 Minuten

Material: Papier und Bleistift

Alter: Alle Schulstufen

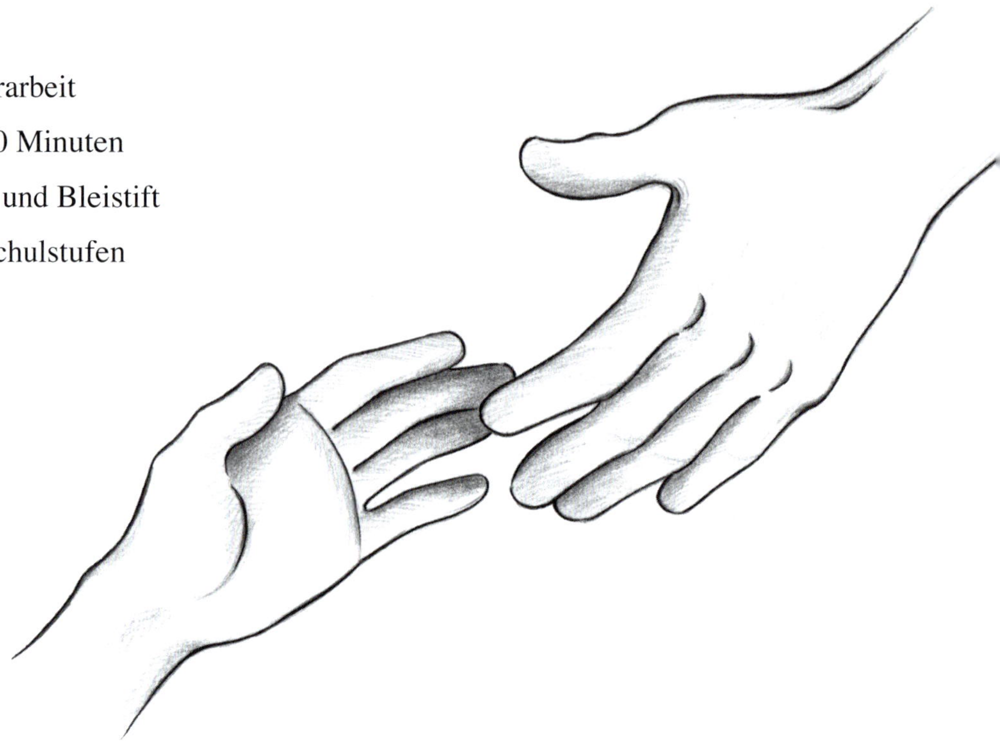

So geht es

1. **Einzelarbeit:** Die Schüler überlegen, in welcher Situation sie wirklich eine „helfende Hand" benötigten und tatsächlich jemand geholfen hat.
2. **Partnerarbeit:** Die Schüler interviewen sich gegenseitig. Dabei können die Rollen so verteilt werden:

Zeichner und Interviewer: Er zeichnet die Umrisse der Hand des Interviewten auf ein Blatt Papier. In die leere Hand zeichnet er ein Bild der Geschichte, die während des Interviews entsteht.

Befragter: Er berichtet über seine „helfende Hand".

Auswertung

- Wer war deine hilfreiche Hand während dieser Aktivität?
- Was haben deine Partner gemacht, um dir zu zeigen, dass sie dir zuhören und dass sie sich für dich interessieren?

Beispielfragen für den Interviewer

- Hast du jemals eine helfende Hand benötigt?
- Hast du danach gefragt oder hat die Person selber gesehen, dass du Hilfe benötigst?
- Wer war die hilfreiche Hand?
- Was hat die Person für dich getan?
- Wie hast du dich gefühlt, nachdem dir geholfen wurde?

Vgl. Bennett, Rolheiser, Stevahn 1991, S. 253f.

3.4 Körperliche Interaktionsübungen

3.4.1 Adlerauge sei wachsam – 3 x 3 Dinge verändern

Gruppe: Partnerarbeit

Zeit: 15 – 20 Minuten

Material: –

Alter: Alle Schulstufen

So geht es

1. In der Klasse werden Paare gebildet. Jeweils zwei Schüler stehen sich immer gegenüber. (Möglich ist auch, dass sie sich in zwei Reihen gegenüberstehen, dazu muss aber immer ausreichend Platz im Klassenraum sein.)
2. Jeder schaut seinen Partner genau an und merkt sich, wie er aussieht und welche Einzelheiten ihn kennzeichnen.
3. Auf ein Zeichen des Spielleiters drehen sich alle Paare den Rücken zu. Jeder Schüler verändert jetzt drei Dinge an seinem Aussehen.
4. Nach etwa einer Minute drehen sich die Schüler auf ein Zeichen des Spielleiters um und versuchen zu erraten, welche Veränderung der Partner an sich vorgenommen hat. Hat er beispielsweise den linken Ärmel hochgekrempelt? Trägt er die Armbanduhr auf dem anderen Arm? Hat er die Schuhe vertauscht?

Hinweise

- Wenn Sie die Übung dreimal in Folge wiederholen, ohne dass vorher etwas rückgängig gemacht wird, entwickelt sich eine besondere Dynamik. Nach dieser Übung kann reflektiert werden, wie sich die Einzelnen dabei gefühlt haben. Anschließend beginnen die Partner mit dem eigentlichen Lernen in der Partnerarbeit.
- Diese Übung kann wunderbar als Einstieg in eine Unterrichtseinheit zur Personenbeschreibung genutzt werden.
- Die Übung kann auch mit Erwachsenen durchgeführt werden. Wenn die Teilnehmerinnen und Teilnehmer mehrmals hintereinander aufgefordert werden, etwas an sich zu verändern, kann im Anschluss an diese Übung reflektiert werden, welche Schwierigkeiten jeder hatte. Dabei wird deutlich, dass Veränderungen jedem unterschiedlich schwer fallen. Bezogen auf Schulentwicklungsprozesse ist dies eine wichtige Einsicht, die dazu verhilft zu verstehen, dass nicht alle Lehrer einer Schule Schulentwicklung im gleichen Tempo und mit der gleichen Energie vorantreiben können.

3.4.2 Im Spiegel

Gruppe: Partnerarbeit

Zeit: 15 – 20 Minuten

Material: –

Alter: Primar- und Sekundarstufe I

Die Paare stehen sich gegenüber und sehen einander an. Ein Schüler (B) ist das Spiegelbild des anderen und hat damit die Aufgabe, sich synchron zu seinem Partner zu bewegen. Der Schüler A hat die Aufgabe, langsame Bewegungen – wie in Zeitlupe – vorzumachen, die der Partner B nachmachen muss. Für viele Schüler ist es hilfreich, wenn konkrete Situationen vorgegeben werden:

- Morgens vor dem Spiegel
- Blick ins Schaufenster
- Einen Luftballon aufblasen
- usw.

Bei dieser Partnerübung ist es wichtig, dass die Schüler auf ihren Plätzen stehen bleiben und sich langsam bewegen.

3.4.3 Handschellen lösen

Gruppe: Partnerarbeit

Zeit: 15 – 20 Minuten

Material: Wolle, Schnüre

Alter: Primar- und Sekundarstufe I

So geht es

Die Klasse wird in Paare aufgeteilt, die nach dieser Übung miteinander arbeiten sollen.

Jeder Schüler bekommt einen rund 80 cm langen Wollfaden. Er fertigt aus dem Wollfaden sogenannte Handschellen. Dazu knotet er an dem Wollfaden jeweils eine Öse, die über sein Handgelenkt passt. (Keine Schlaufe, die sich zuzieht.)

Dann legt einer der beiden seine Handschellen an. Die Ösen liegen locker um sein Handgelenk. Theoretisch können sie fast abfallen oder rutschen. Der andere Partner legt seine Handschelle so an, dass der Wollfaden zwischen den beiden Armen des anderen und hinter dessen Wollfaden verläuft. So sind sie „aneinander gekettet".

Ziel ist es jetzt, sich voneinander zu lösen, ohne dass die Handschellen vom Arm genommen werden. Dabei unternehmen die Schüler die verrücktesten Verrenkungen, um sich voneinander zu befreien.

Die eigentliche Lösung ist aber ganz simpel. Ein Schüler muss den Faden durch (!) eine Schlinge des Partners – direkt am Handgelenk – und dann um die entsprechende Hand führen und schon sind die Partner getrennt.

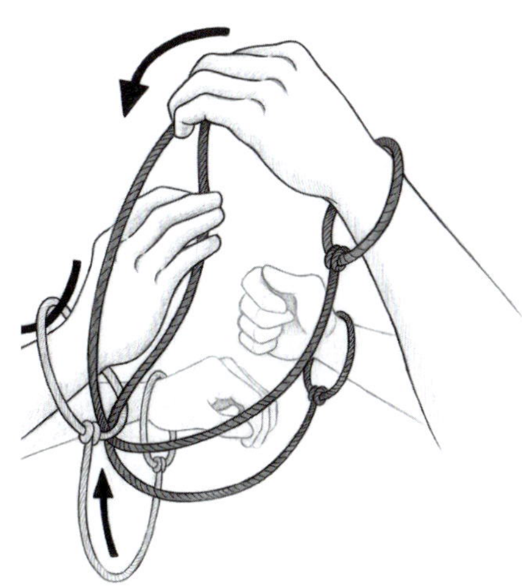

Da die Schüler sorgsam miteinander umgehen müssen, gemeinsam nach einer Lösung suchen, aber dabei sehr bewegt sind, ist diese kurze Partnerübung gleichzeitig als Energizer einzusetzen. Allerdings kann sie in einer Lerngruppe nur einmal eingesetzt werden, da dann ja die Lösung bekannt ist.

In den unteren Jahrgangsstufen wird nicht selten deutlich, dass die Schüler keine Schlaufen bilden können oder dass ihnen der Unterschied zwischen Schlingen, die sich zuziehen, und Schlaufen nicht geläufig ist. Hier bietet sich für die Lehrperson manchmal die Gelegenheit, die unterschiedlichen Knoten vorzustellen.

3.5 Gute Stimmung schaffen: Loben und ermutigen

3.5.1 Sich willkommen heißen

Gruppe: Partnerarbeit und 4er-Gruppen

Zeit: 5 – 10 Minuten

Material: —

Alter: Alle Schulstufen

So geht es

Die Schülerinnen und Schüler suchen ihre Gruppenmitglieder (Puzzlekarten, gleiche Symbole, Meier-Karten ...)

Immer, wenn ein Schüler ein anderes Gruppenmitglied gefunden hat, begrüßen sie sich nach einem festgelegten Ablauf:

1. Die Schülerinnen und Schüler begrüßen sich freundlich durch Handschlag.
2. Sie stellen sich ggf. noch einmal namentlich vor, vielleicht sagen sie auch, woher sie kommen.
3. Die Schülerinnen und Schüler heißen den anderen ausdrücklich willkommen und sagen dazu zum Beispiel:
   - *„Schön, dass du da bist!“*
   - *„Ich freue mich, mit dir heute zu arbeiten.“*
   - *„Ich bin schon gespannt auf deine guten Ideen ...“*
   - *„Wir haben ja noch nie miteinander gearbeitet. Super, dass wir uns jetzt näher kennen lernen werden.“*
4. Erst wenn alle Mitglieder einer Gruppe sich wechselseitig so begrüßt haben, gehen sie an einen freien Tisch.

3.5.2 Positives Fokussieren

Gruppe: Partnerarbeit

Zeit: 15 – 20 Minuten

Material: Schreibutensilien; pro Schüler ein Papierbogen

Alter: Alle Schulstufen

Ziel: Die Schüler sollen lernen, die positiven Eigenschaften von anderen wahrzunehmen und auszudrücken.

Nur selten hört man Schülerinnen und Schüler einander etwas Positives sagen oder Komplimente machen. In der Regel haben sie es nicht gelernt. Dem anderen etwas Nettes zu sagen, bedarf des bewussten Vorsatzes und braucht lange Zeit, bis es zur Gewohnheit wird. Daher kann man die Schülerinnen und Schüler z.B. jeden Morgen auffordern, die Mitglieder an ihrem Tisch mit Handschlag zu begrüßen und jedem etwas Nettes zu sagen. Dies hebt die Atmosphäre in der Klasse enorm. Mit der Methode „Positives Fokussieren" können die Schüler angeleitet werden, positive Eigenschaften der Gruppenmitglieder zu benennen.

So geht es

1. Die Lehrperson erklärt den Ablauf und lässt ihn dann noch einmal von einem Schüler wiederholen, um sicherzustellen, dass alle das Verfahren verstanden haben.
2. Jeder Schüler schreibt seinen Namen in die Mitte eines Blattes und umkreist ihn.
3. Jeder gibt jetzt sein Blatt an seinen Nachbarn im Uhrzeigersinn weiter. Der Nachbar schreibt oben auf das Blatt eine positive Eigenschaft desjenigen, dessen Name in der Mitte steht, umkreist sie und verbindet sie mit einem Strich mit dem Kreis in der Mitte. Dann gibt er das Blatt weiter und der nächste schreibt rechts eine positive Eigenschaft usw. Dies geht solange, bis jeder zu jedem Gruppenmitglied eine positive Eigenschaft aufgeschrieben hat. Erschwerend kann man bei älteren Schülern die Vorgabe machen, dass die Eigenschaft mit dem Anfangsbuchstaben des Namens beginnen soll. Zum Schluss schreibt jeder auf sein eigenes Blatt eine eigene positive Eigenschaft. So hat am Ende jeder Schüler einen Wortstern mit vier positiven Eigenschaften vor sich liegen. (Siehe Beispiele, S. 86)
4. Zum Abschluss werden einige Schülerinnen und Schüler per Zufall ausgewählt, die vorstellen, welche positiven Eigenschaften bei ihnen stehen.

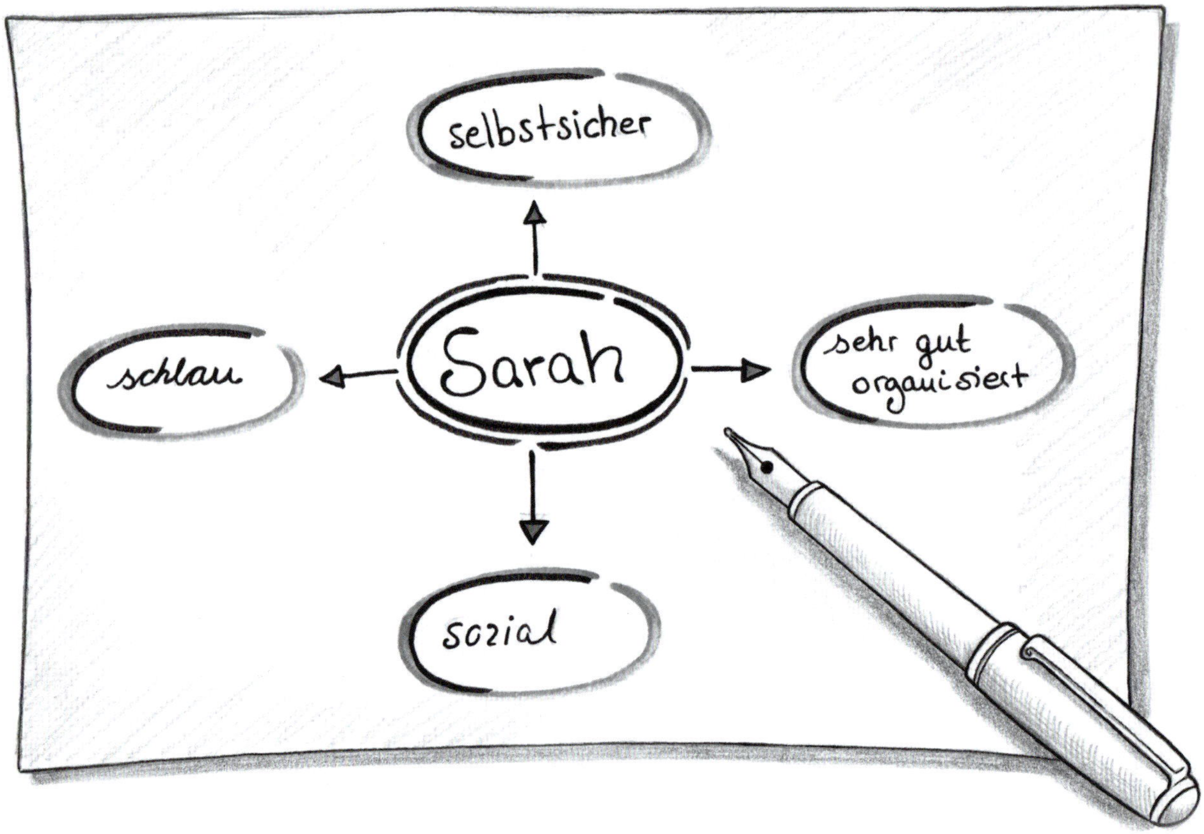

Varianten

- Jedes Teammitglied darf mehr als eine positive Eigenschaft eintragen.
- Bei bestimmten Anfangsbuchstaben (Yasmin, Yvonne, Caesar) sollten die Schüler den zweiten oder den letzten Buchstaben im Vornamen als Anfangsbuchstaben der Eigenschaft nehmen.
- Am Ende wird jede Person von seinem Nachbarn im Uhrzeigersinn anhand des Blattes vorgestellt. Dann werden die Blätter im Raum aufgehängt.
- Danach können Sie noch von allen vier Gruppenmitgliedern vier positive Eigenschaften der Gruppe formulieren und in die Mitte schreiben lassen.

3.5.3 Wertschätzung

Gruppe: Klasse

Zeit: 10 – 15 Minuten

Material: Pro Schüler einen Briefumschlag, A 4-Papier

Alter Primarstufe bis zur Sekundarstufe II

Ziel: Die Schüler sollen lernen, die positiven Eigenschaften von anderen wahrzunehmen und auszudrücken.

So geht es

Vorbereitung

1. Der Unterrichtende benötigt Briefumschläge in der Anzahl seiner Schülerinnen und Schüler.
2. Jeder Schüler teilt oder zerschneidet ein DIN A 4-Blatt in vier gleichgroße Zettel (etwa DIN A 6). Auf jeden Zettel notiert er gut lesbar seinen Namen. Der Unterrichtende sammelt alle Zettel ein, mischt sie kräftig und steckt immer vier Zettel in einen Briefumschlag.

Durchführung

1. Jeder Schüler der Klasse erhält einen Umschlag mit den vier zufällig zusammengestellten Zetteln mit Namen.
2. Die Schüler erhalten die Aufgabe, in Einzelarbeit für alle Schüler, deren Zettel sie haben, eine positive Bemerkung auf die Zettel zu notieren. Dafür bekommen sie vier Minuten.
3. Anschließend stecken sie die Zettel in die Umschläge.
4. Der Unterrichtende sammelt die Umschläge ein, nimmt die Zettel heraus und sortiert sie, so dass pro Schüler vier Zettel vor ihm liegen müssen. Diese Zettel steckt er in einen Briefumschlag, schreibt den entsprechenden Schülernamen darauf und verteilt sie anschließend in der Klasse.

Auswertung

Die Schüler öffnen die Umschläge und lesen die Rückmeldungen. Jetzt bestehen die Möglichkeiten, dass sie einen Text über sich selbst schreiben, dass sie sich an der Tischgruppe wechselseitig ihre Rückmeldungen vorstellen oder dass einzelne Schüler besonders tolle Rückmeldungen in der Klasse vorlesen.

Tipp

- Wenn Sie das Verfahren erläutern, sollten Sie darauf hinweisen, dass nur positive Rückmeldungen erlaubt sind.
- Sofern Sie nicht sicher sein können, ob alle Schülerinnen und Schüler positive Rückmeldungen geben, können Sie in der Phase, wo Sie die Einzelmeldungen sortieren, negative Rückmeldungen aussortieren.

3.5.4 Standing Ovation

Gruppe: Klasse

Zeit: 1 Minute

Material: –

Alter: Alle Schulstufen

Ziel: Die Schüler sollen lernen, andere Schüler für gute Ergebnisse und positives Verhalten durch Beifall zu belohnen.

So geht es

Wann immer es Anlass für Anerkennung gibt, wenn jemand eine Aufgabe besonders gut gelöst, sich verbessert, für jemanden etwas getan hat, zollen Sie dieser Person durch „Standing Ovation" Beifall. Genauso kann man auch einer Gruppe Anerkennung zollen, wenn die gemeinsame Leistung besonders gut ist.

Dies muss anfangs erklärt werden, ist jedoch ausgesprochen erfolgreich beim Aufbau von Selbstvertrauen.

3.5.5 Tolle Idee!

Gruppe: 4er-Gruppe

Zeit: 45 – 60 Minuten

Material: Schreibutensilien; pro Schüler ein Papierbogen

Alter: Alle Schulstufen

Ziel: Lernen, die Ideen von anderen zu loben.

Aufgabe: Entwickelt ein neues Produkt

1. Überlegt euch ein Produkt, das eure Gruppe entwickeln möchte.
2. Eure Aufgabe ist es nun, das beste Gerät zu entwickeln, das es auf dem Markt gibt. Ihr könnt alles hinzufügen, was ihr möchtet.
3. Dabei hat jeder eine andere Rolle. Die Rollen rotieren nach jeder neuen Idee.
4. Fertigt eine Zeichnung von eurem „Produkt" an.
5. Gebt eurem neuen Produkt einen Namen und bereitet euch darauf vor, es der gesamten Gruppe (Klasse) zu präsentieren. Wie bei einer Verkaufsveranstaltung sollten die positiven Merkmale ganz besonders hervorgehoben werden. Jeder in eurer Gruppe kann ausgewählt werden, die Präsentation durchzuführen. Alle Gruppenmitglieder schreiben ihren Namen unter das Produkt.
6. Präsentiert euer Produkt der Gruppe (Klasse).
7. Reflektiert: Was ist das Geheimnis eures Erfolges? Welche Verhaltensweisen haben dazu geführt, dass eure Zusammenarbeit gut war?

Rotierende Rollen

- **Ideengeber:** Schlage eine Verbesserung für das Gerät vor.
- **Derjenige, der positive Rückmeldung gibt**: Reagiere auf den Vorschlag, indem du die Idee lobst: „Das ist eine wirklich gute Idee, weil ...!"
- **Protokollant:** Halte den Vorschlag auf einer Teamliste schriftlich fest.
- **Leser:** Lies von der Liste die Ideen vor.
- **Zeichner:** Zeichne den Gegenstand / die Idee.
- **Trainer:** Lobe, unterstütze den Zeichner, mache Vorschläge, wie gezeichnet werden könnte etc.

3.5.6 Sich loben – Komplimente verteilen

Gruppe: Jede Größe, wechselnde Partner

Zeit: Etwa 10 bis 15 Minuten

Material: DIN A 4-Papierbogen, Malerkrepp / Klebeband

Alter: Alle Schulstufen

So geht es

Jeder bekommt einen Papp- oder Papierbogen auf den Rücken geklebt.

Alle gehen herum und schreiben Komplimente auf den Rücken des anderen. Dafür sind keine festen Zeitvorgaben sinnvoll. Nach rund 10 Minuten kann man die Phase beenden.

Danach liest jeder die Komplimente, die er oder sie bekommen hat.

Häufig ist es ganz spannend, wenn einzelne Schüler freiwillig besonders schöne Kommentare in der Klasse vorstellen.

Hinweise

Diese Übung ist ganz wunderbar. Denn in ihr loben sich die Schülerinnen und Schüler gegenseitig. Wenn die Atmosphäre in der Klasse bereits gut ist, werden sich die Schüler wechselseitig mit vielen liebevollen Kommentaren bestärken.

Machen Sie als Lehrperson mit. Sie haben dann die Möglichkeit, gezielt einzelne Kinder zu loben oder ihnen etwas Nettes auf den Rücken zu schreiben. Gleichzeitig bekommen Sie eine Rückmeldung von einzelnen Schülern aus Ihrer Klasse.

Diese Übung ergibt nur Sinn, wenn die Schülerinnen und Schüler einer Klasse sich bereits etwas kennen. Denn sonst können sie sich nicht wirklich loben. Ohne eine gewisse Ernsthaftigkeit aber verpufft die positive Wirkung auf das Klassenklima.

3.5.7 Ich bin besonders, weil ...

Gruppe: Klasse

Zeit: 20 – 45 Minuten, abhängig von der Altersstufe und Gestaltung

Material: A 4- oder A3-Blätter, pro Tisch eine Schere

Alter: Alle Schulstufen

Ziel: Lernen, andere zu loben.

So geht es

Vorbereitung

1. Legen Sie mit Ihren Schülerinnen und Schülern ein kleines „Ich bin besonders-Büchlein“ an. Der Ablauf ist auf der Kopiervorlage (S. 92) beschrieben.
2. Die Schüler gestalten das Deckblatt ihres kleinen Büchleins. Dazu schreiben sie vielleicht ihren Namen in sehr schöner Schrift darauf, zeichnen etwas oder gestalten das Deckblatt farbig.

Durchführung

3. Die Schülerinnen und Schüler geben ihr Heftchen an Mitschüler weiter, damit diese hineinschreiben, warum sie glauben, dass der Schüler etwas Besonderes ist und worin diese Besonderheit besteht.
   - Erlaubt sind dabei nur positive, wertschätzende Äußerungen.
   - Den Schülern kann frei gestellt werden, ob sie ihren Namen unter ihre Aussage schreiben.
4. Wenn ein Schüler sein Heftchen zurückerhält, der von der Lehrperson vorgegebene Zeitrahmen aber noch nicht ausgeschöpft ist, kann der Schüler sein Heftchen an einen weiteren Schüler geben und um einen weiteren Eintrag bitten.
5. Die Schüler erhalten ihre Heftchen zurück. Sie behalten sie für sich und es wird nicht verlangt, dass sie sie anderen zeigen. Man kann sie allerdings anhalten, sie ihren Eltern zu zeigen.

Tipp

- Es folgen zwei Kurzgeschichten, mit denen die Übung im Deutsch- (vgl. S. 93) bzw. Englischunterricht (vgl. S. 94) kombiniert werden kann.
- Das „Ich bin besonders-Buch“ heißt im englischen Sprachraum „Buddy-Book“. Es kann in vielen unterschiedlichen Unterrichtssituationen verwendet werden, z. B. als Notizbuch oder als „Spickzettel“ zur Vorbereitung einer Klassenarbeit. In den unteren Jahrgangsstufen lieben die Schülerinnen und Schüler den Einsatz des Buddy-Books.

COPY Das „Ich bin besonders-Buch“

Du benötigst einen möglichst weißen DIN A4- oder A3 Bogen

1. Schritt

Falte das Papier längs.

2. Schritt

Öffne den Bogen und falte ihn nun quer.

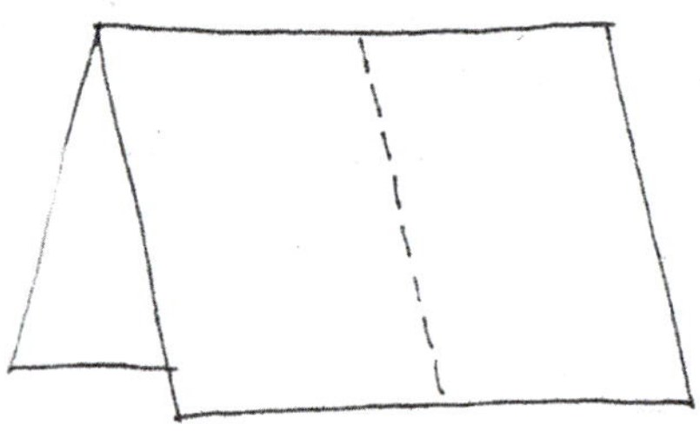

3. Schritt

Falte den bereits gefalteten Bogen noch einmal zur Hälfte.

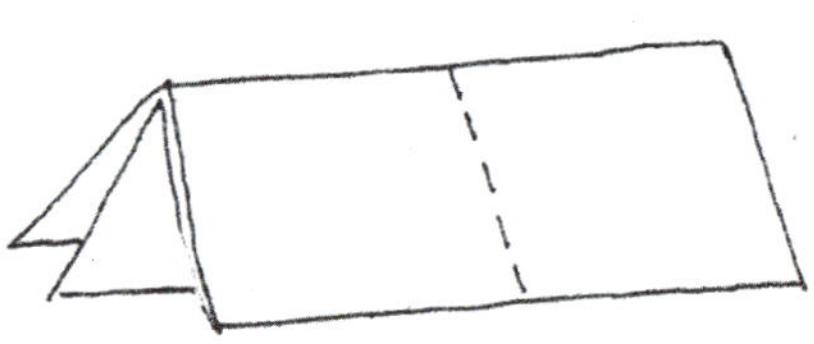

4. Schritt

Schneide den Bogen jetzt von der geschlossenen Seite / unteren Kante aus bis zur Hälfte ein.

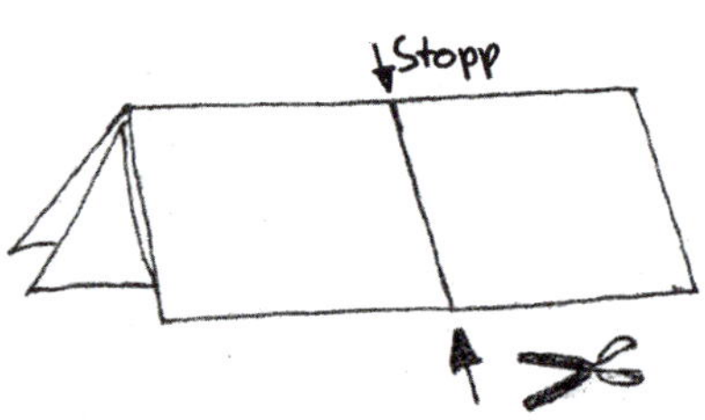

5. Schritt

Öffne deinen Papierbogen. In der Mitte muss sich jetzt längs die Schnittöffnung befinden.

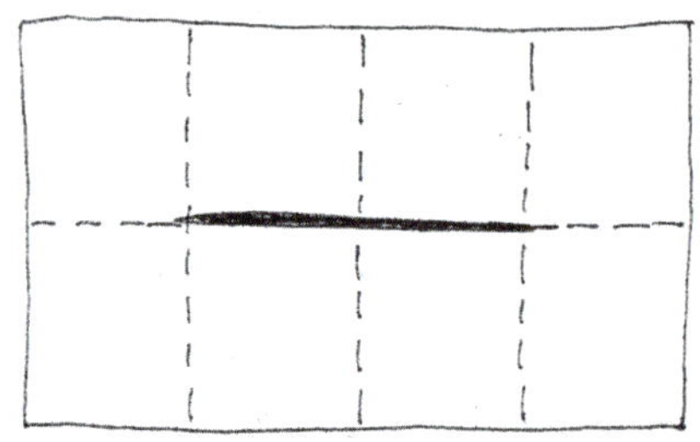

6. Schritt

Falte das geöffnete Papier erneut längs.

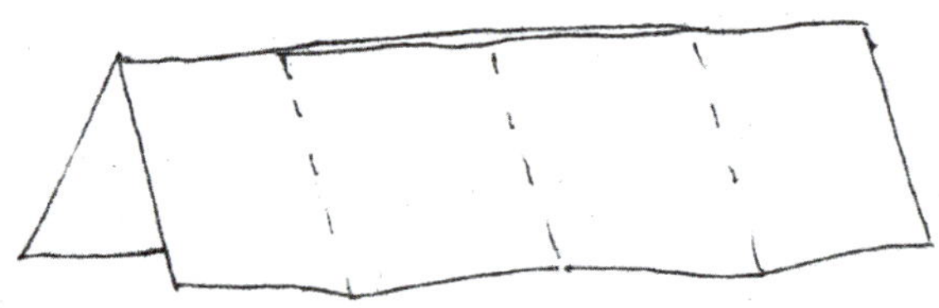

7. Schritt

Drücke die Enden so zusammen, dass sich das Papier in der Mitte zu einer Box formt.

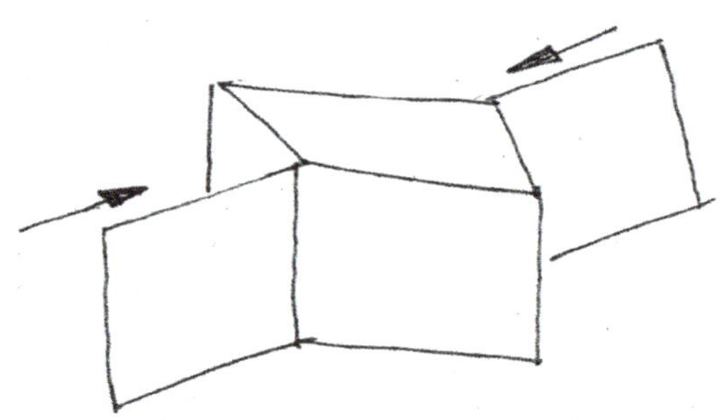

8. Schritt

Schiebe die Enden ganz zusammen. Lege das Papier so zusammen, dass ein Buch entsteht. Streiche die Kanten und Ecken glatt. Fertig ist das Mini-Buch.

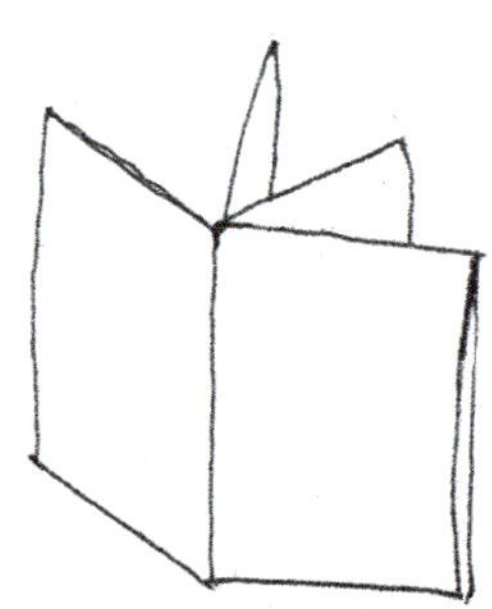

Was ich anderen bedeute ...

Eines Tages bat eine Lehrerin ihre Schüler, die Namen aller anderen Schüler in der Klasse auf ein Blatt Papier zu schreiben und ein wenig Platz neben den Namen zu lassen. Dann sagte sie zu den Schülern, sie sollten überlegen, was das Netteste ist, das sie über jeden ihrer Klassenkameraden sagen können, und das sollten sie neben die Namen schreiben. Es dauerte die ganze Stunde, bis jeder fertig war, und bevor sie den Klassenraum verließen, gaben sie ihre Blätter der Lehrerin.

Am Wochenende schrieb die Lehrerin jeden Schülernamen auf ein Blatt Papier und daneben die Liste der netten Bemerkungen, die die Mitschüler über den einzelnen aufgeschrieben hatten.

Am Montag gab sie jedem Schüler seine oder ihre Liste. Schon nach kurzer Zeit lächelten alle. „Wirklich?", hörte man flüstern. „Ich wusste gar nicht, dass ich irgendjemandem was bedeute!" und „Ich wusste nicht, dass mich andere so mögen", waren die Kommentare.

Niemand erwähnte danach die Listen wieder. Die Lehrerin wusste nicht, ob die Schüler sie untereinander oder mit ihren Eltern diskutiert hatten, aber das machte nichts aus. Die Übung hatte ihren Zweck erfüllt. Die Schüler waren glücklich mit sich und mit den anderen.

Einige Jahre später war einer der Schüler in Vietnam gefallen und die Lehrerin ging zum Begräbnis dieses Schülers. Die Kirche war überfüllt mit vielen Freunden. Einer nach dem anderen, der den jungen Mann geliebt oder gekannt hatte, ging am Sarg vorbei und erwies ihm die letzte Ehre.

Die Lehrerin ging als letzte und betete vor dem Sarg. Als sie dort stand, sagte einer der Soldaten, die den Sarg trugen, zu ihr: „Waren Sie Marks Mathelehrerin?" Sie nickte: „Ja". Dann sagte er: „Mark hat sehr oft von Ihnen gesprochen."

Nach dem Begräbnis waren die meisten von Marks früheren Schulfreunden versammelt. Marks Eltern waren auch da, und sie warteten offenbar sehnsüchtig darauf, mit der Lehrerin zu sprechen.

„Wir wollen Ihnen etwas zeigen", sagte der Vater und zog eine Geldbörse aus seiner Tasche. „Das wurde gefunden, als Mark gefallen ist. Wir dachten, Sie würden es erkennen." Aus der Geldbörse zog er ein stark abgenutztes Blatt, das offensichtlich zusammengeklebt, viele Male gefaltet und auseinandergefaltet worden war. Die Lehrerin wusste ohne hinzusehen, dass dies eines der Blätter war, auf denen die netten Dinge standen, die seine Klassenkameraden über Mark geschrieben hatten.

„Wir möchten Ihnen so sehr dafür danken, dass Sie das gemacht haben", sagte Marks Mutter. „Wie Sie sehen können, hat Mark das sehr geschätzt." Alle früheren Schüler versammelten sich um die Lehrerin. Charlie lächelte ein bisschen und sagte: „Ich habe meine Liste auch noch. Sie ist in der obersten Lade in meinem Schreibtisch". Chucks Frau sagte: „Chuck bat mich, die Liste in unser Hochzeitsalbum zu kleben." „Ich habe meine auch noch", sagte Marilyn. „Sie ist in meinem Tagebuch." Dann griff Vicki, eine andere Mitschülerin, in ihren Taschenkalender und zeigte ihre abgegriffene und ausgefranste Liste den anderen. „Ich trage sie immer bei mir", sagte Vicki und meinte dann: „Ich glaube, wir haben alle die Listen aufbewahrt."

Die Lehrerin war so gerührt, dass sie sich setzen musste und weinte. Sie weinte um Mark und für alle seine Freunde, die ihn nie mehr sehen würden.

COPY

Love and the Cabbie

I was in New York the other day and rode with a friend in a taxi. When we got out my friend said to the driver, „Thank you for the ride. You did a superb job of driving."

The taxi driver was stunned for a second. Then he said: „Are you a wise guy or something?"

„No, my dear man, and I'm not pulling you on. I admire the way you keep cool in heavy traffic."

„Yeh," the driver said and drove off.

„What was that all about?" I asked.

„I am trying to bring love back to New York," he said. „I believe it's the only thing that can save the city."

„How can one man save New York?"

„It's not one man. I believe I have made the taxi driver's day. Suppose he has twenty fares. He's going to be nice to those twenty fares because someone was nice to him. Those fares in turn will be kinder to their employees or shopkeepers or waiters or even their own families. Eventually the goodwill could spread to at least 1,000 people. Now that isn't bad, is it?"

„But you're depending on that taxi driver to pass your goodwill to others."

„I'm not depending on it," my friend said. „I'm aware that the system isn't foolproof so I might deal with 10 different people today. If, out of 10, I can make three happy, then eventually I can indirectly influence the attitudes of 3,000 more."

„It sounds good on paper," I admitted, „but I'm not sure it works in practice."

„Nothing is lost if it doesn't. I didn't take any of my time to tell that man he was doing a good job. He neither received a larger tip nor a smaller tip. If it fell on deaf ears, so what? Tomorrow there will be another taxi driver whom I can try to make happy."

„You're some kind of a nut," I said.

„That shows you how cynical you have become. I have made a study of this. The thing that seems to be lacking, besides money of course, for our postal employees, is that no one tells people who work for the post office what a good job they're doing."

„But they're not doing a good job."

„They're not doing a good job because they feel no one cares if they do or not. Why shouldn't someone say a kind word to them?"

We were walking past a structure in the process of being built and passed five workmen eating their lunch. My friend stopped. „That's a magnificent job you men have done. It must be difficult and dangerous work."

The five men eyed my friend suspiciously.

„When will it be finished?"

„June," a man grunted.

„Ah. That really is impressive. You must all be very proud."

We walked away. I said to him, „I haven't seen anyone like you since 'The Man from La Mancha'."

„When those men digest my words, they will feel better for it. Somehow the city will benefit from their happiness."

„But you can't do this all alone!" I protested. „You're just one man."

„The most important thing is not to get discouraged. Making people in the city become kind again is not an easy job, but if I can enlist other people in my campaign…"

„You just winked at a very plain looking woman," I said.

„Yes, I know," he replied. „And if she's a schoolteacher, her class will be in for a fantastic day."

3.6 Konsensfindung üben

3.6.1 Diskussion mit Redekärtchen

Bei der Diskussion über Ergebnisse und dem Versuch der Einigung können wir auch in Kleingruppen immer wieder beobachten, dass die Redeanteile sehr ungleich verteilt sind. Dies hängt sicher mit den unterschiedlichen Charakteren der Schülerinnen und Schüler zusammen: Einige agieren eher zurückhaltend und vorsichtig, während andere recht forsch und spontan diskutieren. Um die Zurückhaltenden zu stärkerer Beteiligung in der Gruppe zu bringen und gleichzeitig den Eloquenten Zurückhaltung aufzuerlegen, bietet es sich an, mit Redekärtchen zu arbeiten.

So geht es

Jeder Schüler einer Tischgruppe erhält jeweils zwei kleine Zettel (10 x 10 cm), die entweder verschiedenfarbig sind oder von jedem mit seinem Namen gekennzeichnet werden.

Jetzt beginnt die eigentliche Austauschphase. Die Teammitglieder diskutieren zu einer strittigen Frage, aber sie dürfen nur dann einen Beitrag geben, wenn sie ein Redekärtchen in die Mitte legen. Und wer seine Redekärtchen eingesetzt hat, muss erst abwarten, bis die anderen drei Teammitglieder ihre Kärtchen ebenfalls für Beiträge genutzt haben. Erst dann kann eine zweite Runde eingeläutet werden. Dafür bekommt jeder seine Kärtchen zurück.

Vgl. Kagan 1994, Kap. 13, S. 1.

3.6.2 Was ist dir wichtig?

Gruppe: Klasse

Zeit: etwa 30 Minuten

Material: Stifte, Papier

Alter: Alle Schulstufen

Ziel: Lernen, einen Konsens zu finden

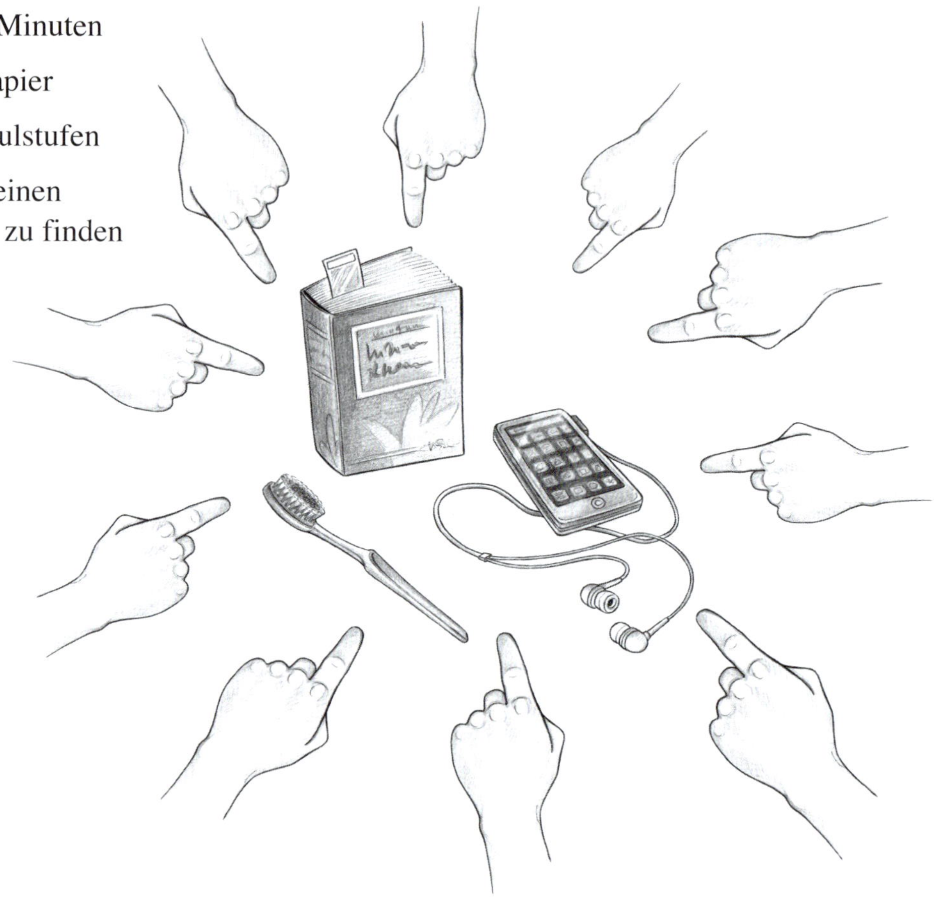

So geht es

1. **Einzelarbeit:** Jeder schreibt 13 Dinge auf, die nach seiner Meinung sehr nützlich sind.
2. **Gruppenarbeit:** Die Gruppe soll sich auf drei Gegenstände einigen, auf die ihre Mitglieder verzichten könnten, und drei Gegenstände, auf die sie auf keinen Fall verzichten wollen. Dabei werden Redekärtchen benutzt.
3. **Plenum:** Nachdem die Gruppen einen Konsens gefunden haben, trägt ein Schüler jeder Gruppe vor, auf welche Gegenstände seine Gruppe sich geeinigt hat und warum.

Variationen

Natürlich kann diese Übung auch mit anderen Dingen durchgeführt werden, z. B. können die Schülerinnen und Schüler

- drei Dinge auflisten, die sie bei einem Klassenausflug besonders mochten, und drei Dinge, die sie gar nicht mochten
- drei Lerninhalte der letzten Unterrichtsreihe benennen, die sie nicht interessiert haben, und drei, die sie sehr interessiert haben.

3.6.3 Welche Eigenschaften soll mein Freund / meine Freundin haben?

Gruppe:	4er-Gruppen
Zeit:	45 Minuten
Material:	Stifte, Kopiervorlagen (S. 98 – 100), Redekärtchen
Alter:	Sekundarstufe I und II
Ziel:	Lernen, einen Konsens zu finden

So geht es

Die Schülerinnen und Schüler bekommen eine Übersicht mit positiven menschlichen Eigenschaften. Aus dieser wählen sie die fünf aus, die ihnen bei einem Freund oder einer Freundin am wichtigsten sind. Anschließend stellen sie ihre Auswahl in der Gruppe nacheinander vor und sollen sich gemeinsam auf fünf Eigenschaften einigen. Sie versuchen, sich gegenseitig zu überzeugen, dass die von ihnen ausgewählten Eigenschaften in die Auswahl gehören. Wenn sie sich nur auf weniger als fünf Eigenschaften einigen können, dann ist es wichtig, dass sie in der Lage sind zu begründen, warum die von ihnen ausgewählten Eigenschaften wichtiger als die von den anderen vorgeschlagenen sind. Diese Differenzen können dann später in der Klasse diskutiert werden.

1. **Einzelarbeit:** Jeder wählt zunächst fünf Eigenschaften aus, die ihm bei einem Freund / einer Freundin am wichtigsten sind, und begründet seine Entscheidung.
2. **Gruppenarbeit:** Die Mitglieder der Tischgruppe stellen nacheinander ihre Auswahl im Uhrzeigersinn vor und begründen ihre Entscheidungen. In einer Diskussion versuchen die Gruppenmitglieder, sich auf fünf Eigenschaften zu einigen. Die Eigenschaften, die von allen genannt werden, werden auf ein in der Mitte liegendes Blatt geschrieben. Bei der Diskussion benutzen die Schüler Redekärtchen (vgl. S. 95).
3. **Plenumsgespräch:** Die Gruppen stellen ihre Ergebnisse vor und begründen diese. Wenn sie sich nicht ganz einigen konnten, stellen sie die diskutierten Alternativen vor und erläutern die Differenzen.
4. **Auswertung:** Die Schülerinnen und Schüler werden aufgefordert, den Entscheidungsprozess zu reflektieren. Dazu kann die Lehrperson gezielte Fragen vorgeben (siehe Kopiervorlage S. 100).

COPY

Was mir am meinem Freund / meiner Freundin wichtig ist

Freundschaft ist im Leben ganz wesentlich und jeder hat Vorstellungen davon, was einem bei seinem Freund oder seiner Freundin wichtig ist. Meist aber hat man sich diese Erwartungen an einen Freund oder eine Freundin noch gar nicht bewusst gemacht. Erst wenn der andere sich anders verhält, als man es sich wünscht, wird die Erwartung deutlich. Bei einem Streit merkt man dann vielleicht, dass die Erwartungen, die man an einen Freund hat, unterschiedlich sind.

Besser ist es daher, sich vorher darüber bewusst zu werden, was man von einem Freund oder einer Freundin eigentlich erwartet, und darüber auch zu sprechen. Dabei kann man versuchen, den anderen von den eigenen Werten zu überzeugen – oder sich überzeugen zu lassen.

Dieser Prozess soll jetzt in der Gruppe stattfinden: Jeder soll sich darüber klar werden, was er eigentlich von einem Freund erwartet. Anschließend sollt ihr versuchen, euch zu einigen.

Aufgaben

1. Wähle aus den unten genannten Eigenschaften die fünf aus, die dir bei einem Freund oder einer Freundin am wichtigsten sind. Schreibe in die rechte Spalte der Tabelle in der Kopiervorlage deine Begründung, warum dir diese Eigenschaft wichtig ist. Du kannst auch noch andere Eigenschaften, die für dich bedeutsam sind, die aber nicht in der Tabelle stehen, ergänzen und später versuchen, die anderen davon zu überzeugen.
2. Stelle deine Liste mit den Begründungen in der Gruppe vor und höre den anderen zu, wenn sie ihre Auswahl vorstellen. Einigt euch dann möglichst auf fünf Eigenschaften, die euch allen am wichtigsten sind. Benutzt bei der Diskussion Redekärtchen, von denen jeder 4 bekommt. Wer etwas sagt, muss ein Kärtchen in die Mitte legen, und wer keine Kärtchen mehr hat, darf nichts mehr sagen. Wenn alle ihre Kärtchen abgelegt haben, bekommt jeder seine Kärtchen wieder und alle können sich wieder am Gespräch beteiligen. Wenn ihr euch nur auf weniger als fünf Eigenschaften einigen könnt, dann bereitet euch darauf vor, im Plenum die unterschiedlichen Argumente für die verschiedenen Eigenschaften vorzustellen.

Positive Eigenschaften

höflich	treu	begeisterungsfähig	mutig
gerecht	großzügig	bescheiden	aufrichtig
tolerant	selbstbewusst	humorvoll	mitfühlend
ausgeglichen	kompromissbereit	zuverlässig	freundlich

COPY

Einzelarbeit

Dies sind für mich die fünf wichtigsten Eigenschaften eines Freundes / einer Freundin	Begründung
1.	
2.	
3.	
4.	
5.	

Gruppenarbeit

Dies sind für uns die fünf wichtigsten Eigenschaften eines Freundes / einer Freundin	Begründung
1.	
2.	
3.	
4.	
5.	

COPY

Reflexion der Gruppenarbeit

Wie ist die Arbeit in eurer Gruppe gelaufen? Beantworte dazu folgende Fragen für die Auswertung:

- Welche Probleme gab es bei der Konsensfindung innerhalb der Gruppe?

- Was hast du gedacht und gefühlt?

- Was ist dir schwergefallen?

- Hat sich jeder daran gehalten, dass er nur mit Redekärtchen sprechen darf?

- Wer hat innerhalb der Gruppe die Leitung übernommen oder viel gesprochen?

- Wer hat andere angegriffen, wer musste sich häufig verteidigen?

- Wie seid ihr zu einer Entscheidung gekommen?

- Wer hat in der Gruppe vermittelt?

3.7 Teamgeist durch kleine Wettbewerbe fördern

Neben der Möglichkeit, die Schüler durch den Austausch von Gedanken, Erinnerungen oder Gefühlen einander näher zu bringen, kann man auch den Teamgeist durch kleine Wettbewerbe fördern. Dabei geht es dann darum, dass die Kleingruppen einfache Aufgaben lösen und versuchen, möglichst gut abzuschneiden.

3.7.1 Bedeutende Zahlen

Gruppe: 3er- und 4er-Gruppen

Zeit: 10 Minuten

Material: Stifte, Kopiervorlage

Alter: Primar- bis Sekundarstufe I

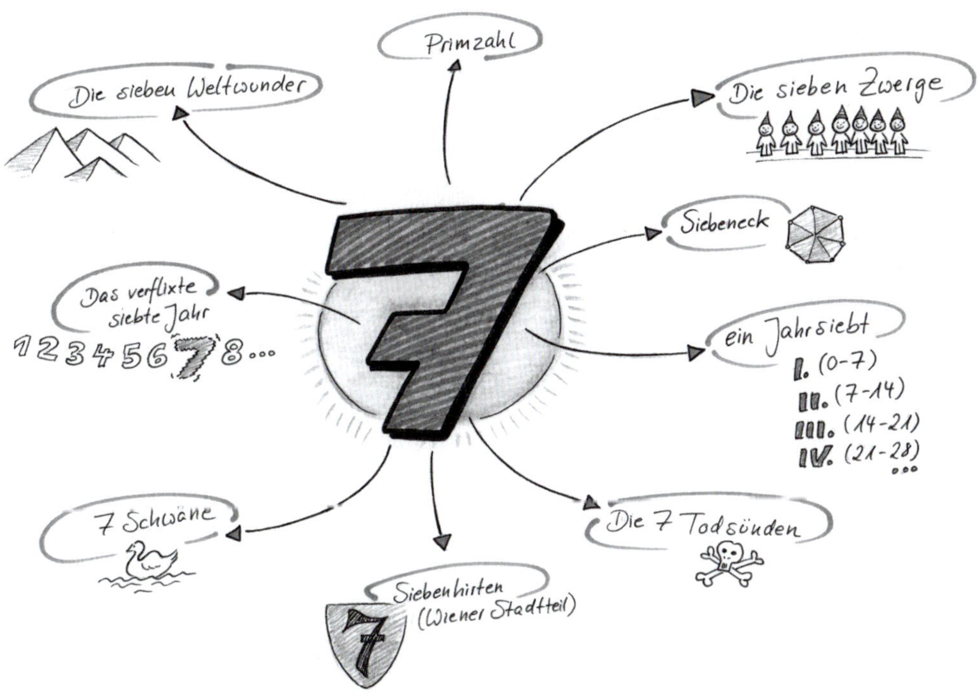

So geht es

1. Die Schülerinnen und Schüler der Gruppe einigen sich auf eine Zahl zwischen 1 und 9.
2. Jede/r schreibt in drei Minuten so viele Zusammenhänge wie möglich auf, in denen die gewählte Zahl eine Rolle spielt, z. B. die Zahl 7:
   - 7 Schwäne
   - ein Jahrsiebt
   - 7 Zwerge etc.
3. Tauscht euch aus und sammelt alle Ideen.
4. Gewonnen hat die Gruppe, die die meisten Ideen hatte.

3.7.2 Buchstabensalat

Gruppe:	3er- und 4er-Gruppen
Zeitumfang:	10 Minuten
Benötigtes Material:	Stifte, Kopiervorlage S. 104
Alter:	Primar- bis Sekundarstufe I

So geht es

Bei dieser Übung handelt es sich um eine Methode, bei der die Teilnehmer als Team in einer festgelegten Zeit aus einem Buchstabenraster möglichst viele Begriffe bilden.

Regel für die Wortfindung: Jeder Teilnehmer sucht im Raster auf Seite 104 nach möglichst vielen Wörtern. Zulässig sind nur solche Wortschöpfungen, bei denen die Buchstaben im Raster neben- oder untereinander oder diagonal benachbart angeordnet sind. Ein Beispiel: In der ersten Spalte steht das Wort „Eimer“, da sich das „r“ in der vierten Zeile unmittelbar an das E anschließt. Das Wort „Einmal“ wäre nicht zulässig, da die notwendigen Buchstaben „m, a, l“ nicht unmittelbar benachbart sind.

Punkte: Für ein Wort mit einem Buchstaben gibt es einen Punkt. Für ein Wort mit zwei Buchstaben gibt es 2 x 2 Punkte (= 4 Punkte), für ein Drei-Buchstaben-Wort gibt es 3 x 3 Punkte usw. Ein Beispiel: „Eimer“ besteht aus 5 Buchstaben, so dass das Team 25 Punkte bekommt. Für „im“ gibt es nur vier Punkte.

Ziel: Die Gruppe versucht, in 4 Minuten so viele Punkte zu erreichen wie möglich.

Varianten

Mit dieser Übung kann auch thematisch gearbeitet werden:

- Als Wiederholung können in das Gitter Fachbegriffe geschrieben werden, die im Unterricht eingeführt wurden.
- Im Fremdsprachenunterricht lassen sich so Vokabeln wiederholen.
- Geografie: Verschiedene Länder Europas, Flüsse, Gebirge usw. sind im Gitter versteckt.

Bei jüngeren Schülerinnen und Schülern können die Punkte pro Buchstabe vergeben werden anstatt sie zu quadrieren.

Ablauf

Variante A

- Möglich ist, dass die Schüler zunächst drei Minuten in Einzelarbeit Begriffe suchen (alleine denken),
- anschließend die Ergebnisse in einer Minute abgleichen (im Team austauschen) und
- dann im Plenum die Ergebnisse vorstellen. Die Ausrechnung der Punkte schließt sich an.

Variante B

Denkbar ist auch, dass in der vorgegebenen Zeit ohne Strukturierung der Kooperation gearbeitet wird. Sieger ist das Team, das in 6 Minuten die meisten Wörter gefunden und diese auch noch richtig berechnet hat. Nur wenn die Rechnung zutreffend ist, gilt die Gruppe als Sieger!

Mögliche Lösungen: Erbse, Eis, Eimer, Mitra, Iris, Eibe, Seil, Set, Tier, Mit, Art, Bart, See, Ibis, Liebe, Biss, Dem ...

Vgl. Kagan 1994, Kap. 8, S. 7.

COPY **Buchstabensalat**

Findet im Team so viele Wörter wie möglich. Erlaubt sind nur solche Wörter, bei denen die Buchstaben unmittelbar benachbart sind. Entweder sind sie an den Seiten oder an einer Ecke benachbart.

Buchstabensalat				
E	R	I	S	B
I	B	S	E	A
M	I	E	T	R
E	R	I	I	A
D	M	L	E	R

Mit dieser Vorlage können neue Salate angerichtet werden!

Buchstabensalat				

3.7.3 Anagramme – Ein Spiel für Wortakrobaten

Gruppe:	3er- und 4er-Gruppen
Zeit:	20 Minuten
Material:	Stifte, Kopiervorlage S. 106
Alter:	Sekundarstufe I und II

So geht es

Bei dieser Übung handelt es sich um eine Methode, bei der die Teilnehmer als Team in einer festgelegten Zeit aus den Buchstaben eines Wortes ein neues Wort bilden.

Hier zwei Beispiele

DEMOKRATEN – MONDRAKETE

MEHL – HELM – LEHM

Vorbereitung

- Vorlage kopieren.
- Verfahren in der Klasse erläutern

Einzelarbeit

Die Schüler bekommen die Vorlage. In einer festgelegten Zeit suchen die Schüler in Einzelarbeit nach möglichen Anagrammen. (5 Minuten)

Kooperation

Die Schüler tauschen ihre Ergebnisse aus. Sie prüfen die Richtigkeit in den Gruppen.

Jedes richtige Ergebnis wird in die Tabelle eingetragen.

Klassengespräch

Jede Tischgruppe stellt ihre Lösungen vor. Im Plenum werden die Lösungen geprüft.

Die Gruppe mit den meisten richtigen Lösungen ist der Klassensieger und bekommt kräftigen Applaus.

COPY

Anagramme – Ein Spiel für Wortakrobaten

Wer aus allen Buchstaben eines Wortes ein oder mehrere Wörter bilden kann, der hat ein Anagramm entdeckt.

Hier zwei Beispiele: DEMOKRATEN – MONDRAKETE, MEHL – HELM – LEHM

EINBRECHER	
RATGEBERIN	
BETRIEBSRAT	
BUNDESTAG	
EIFERSUCHT	
FEHLER	
FRAUEN	
TESTFRAGEN	
TURNSCHUH	
GESTERN	
INTERNET	
KEGELRUNDE	
PLENUM	
NATUR	
SPORT	
STOCKROSE	
ALTENHEIM	
NEBEL	
KOSTENRAHMEN	
GEBRATEN	
OSTERN	
GARNELE	
LAMPE	

Unseren Lösungsvorschlag finden Sie im Lösungsteil auf Seite 170.

3.7.4 Team-Camping

Gruppe: 3er- und 4er-Gruppen

Zeit: 60 – 90 Minuten

Material: Etwa drei alte Tageszeitungen und eine Rolle Kreppklebeband pro Gruppe

Alter: Sekundarstufe I

Hinweis

Diese Übung ist relativ aufwändig. Sie braucht ausreichend Zeit und freie Fläche. Sie eignet sich gut für Projekttage oder Klassenfahrten.

So geht es

1. Jedes Team fertigt ein eigenes Zelt an. Dazu bekommt jedes Team die gleiche Menge an Tageszeitungen und eine Rolle Krepp-Klebeband. Das Zelt muss groß genug sein, um das ganze Team vor Regen zu schützen bzw. es zu beherbergen.
2. Das Team hat gewonnen, welches als erstes ein Zelt errichtet hat, das steht, ohne festgehalten zu werden.

Hinweise für die Schülerinnen und Schüler

Diese Übung ist nicht ganz leicht. Es hat sich bewährt, den Schülern zuvor einige Hilfen zu geben:

- Zeltähnliche Gebilde lassen sich am besten errichten, wenn die Schüler „Zeltstangen" aus fest aufgerolltem Zeitungspapier anfertigen.

- Eine einfache Zeltkonstruktion mit zwei bis vier Stützen wählen.
- Die Zelthaut auf dem Fußboden zusammenfügen und vorsichtig über das Gestänge legen.
- Die Zelthaut auf dem Fußboden mit Klebeband fixieren (ähnlich Zeltheringen).

Hinweise

Der Zeltbau bereitet den Schülerinnen und Schülern viel Freude und spornt ihren Ehrgeiz an. Tüftler und Bastler kommen hier zum Zuge und übernehmen im Team Verantwortung.

Bei Klassen mit sehr schlechtem Klassenklima oder die Probleme haben, im Team zu arbeiten, bietet sich diese durchaus umfassende Teamgeist-Übung an. Sie kann ebenso gut im Abendprogramm während der Klassenfahrt durchgeführt werden.

Die Kosten für sechs oder sieben Rollen Kreppklebeband sind nicht unerheblich.

Vgl. Kagan 1994, Kap. 8, S. 8.

3.7.5 Memory Game

Gruppe: 3er- und 4er-Gruppen

Zeit: 5 – 10 Minuten

Material: 12 – 30 ausgewählte Objekte und zwei feste Tüten

Alter: Sekundarstufe I

So geht es

Vorbereitung

Packen Sie zu Hause eine feste Papiertragetasche mit Dingen aus Ihrem Haushalt. Diese Dinge müssen keinen Bezug untereinander aufweisen; es können die verrücktesten Sachen sein, die Ihnen gerade in den Sinn kommen: eine runzelige Zwiebel, Ihr alter Schraubenschlüssel, ein Gartenhandschuh usw. Nehmen Sie diese Tüte mit in den Unterricht.

Durchführung

1. Nehmen Sie nacheinander jeweils einen Gegenstand aus der Tüte, halten Sie ihn deutlich und für alle Teams gut sichtbar hoch. Anschließend legen Sie den Gegenstand in die zweite Tüte, so dass sich nach einer Weile alle mitgebrachten Sachen kurz gezeigt haben und die zweite Tüte langsam gefüllt, während die andere zunehmend leerer wird.
2. Nachdem Sie alle Dinge gezeigt haben, bekommt jedes Team Gelegenheit, alle Dinge aufzuschreiben, an die sich die Mitglieder erinnern können.

Das Team, das die meisten Dinge richtig benennen konnte, bekommt die Auszeichnung „Super-Erinnerungsteam“.

Varianten

Wenn Sie thematisch einsteigen möchten, dann können Sie auch Gegenstände verwenden, die zum Unterrichtsthema passen. Beispielsweise wenn es um Obst oder Gemüse geht, können Sie die entsprechenden Früchte vorzeigen. Für den Werkunterricht könnten Werkzeuge gesammelt werden. Auch entsprechende Vokabeln können so wiederholt werden. Möglich ist es auch, bestimmte thematisch angemessene Dinge mit unspezifischen Gegenständen zu kombinieren.

3.7.6 Magische Elf

Gruppe: 3er- und 4er-Gruppen

Zeit: max. 5 Minuten

Material: –

Alter: Sekundarstufe I

So geht es

1. Die Kinder stehen im Kreis und halten eine Hand hinter dem Rücken.
2. Nachdem einer bis drei gezählt hat, zeigen alle Kinder gleichzeitig ihre Hände mit einer bestimmten Anzahl ihrer Finger. Das Spiel geht so lange, bis die Gruppe die Zahl 11 erreicht, wenn alle Finger zusammengezählt werden.
3. Ändern Sie die zu erreichende Zahl mehrmals. Das Ganze sollte schweigend geschehen.

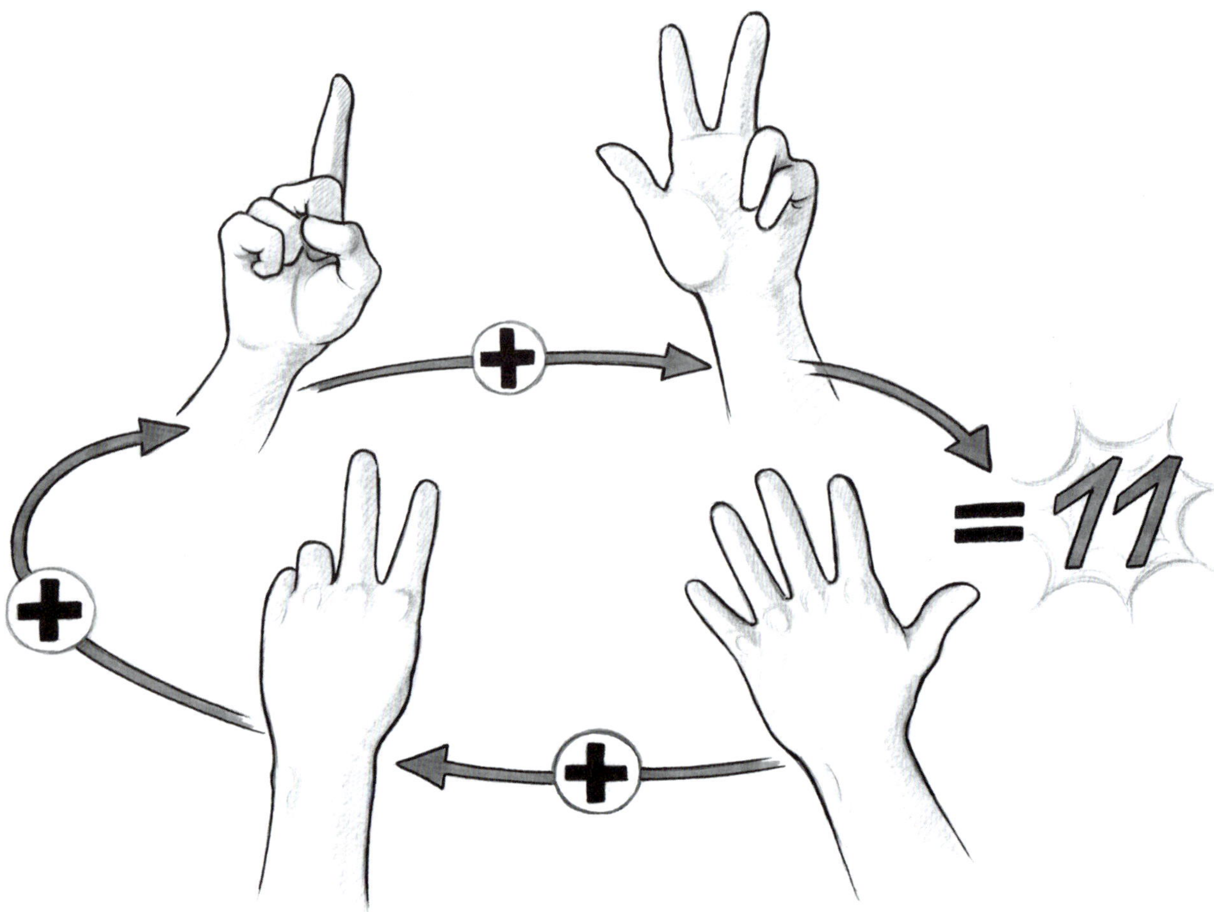

Vgl. Kagan 1994, Kap. 8, S. 8.

3.7.7 Top 10 – Die häufigsten Phobien

Gruppe: 3er- und 4er-Gruppen

Zeit: etwa 30 Minuten

Material: Kopiervorlage S. 113 in Klassenstärke (Top 10 – Die häufigsten Phobien), Kopiervorlage S. 114 pro Tischgruppe (Auswertungsbogen mit Lösung), Schreibutensilien

Alter: Sekundarstufen I und II

So geht es

Die Schüler bekommen die Aufgabe zu vermuten, welche der genannten 10 Phobien weltweit am häufigsten vorkommen. Damit verbunden ist die Anforderung, eine entsprechende Rangfolge anzulegen.

Dazu bekommen sie ein Arbeitsblatt (siehe Kopiervorlage S. 113).

1. **Einzelarbeit:** Die Schüler stellen zunächst in Einzelarbeit eine persönliche Rangliste auf. Ihr Ergebnis tragen sie in linke Spalte der Vorlage ein.
2. **Gruppenarbeit:** Im nächsten Schritt stellen die Tischgruppenmitglieder im Uhrzeigersinn ihre Rangliste vor und begründen ihre Entscheidungen.
3. **Gruppenarbeit:** Im dritten Schritt beginnt die Diskussion. Ziel muss es sein, eine von allen Teammitgliedern getragene Entscheidung zu finden. Die Diskussion kann mit Redekärtchen geführt werden. Jeder Schüler hat vier Redekärtchen; bei jeder Antwort muss er ein Kärtchen in die Mitte legen. Wenn er alle Karten abgelegt hat, muss er warten, bis auch alle anderen ihre Karten abgelegt haben. Der fragende Schüler ruft auf, die anderen müssen sich melden. Fragen dürfen nicht doppelt gestellt werden.

4. Das Gruppenergebnis wird in die mittlere Spalte eingetragen.
5. **Plenumsgespräch:** Die Tischgruppen stellen ihre Ergebnisse in der Klasse vor. Anschließend wird die Musterlösung gezeigt (z. B. mit Hilfe einer Folie).
6. **Siegerehrung:** Die Gruppe hat gewonnen, deren Abweichung von der Lösung am geringsten ist.
7. **Auswertung:** Die Schülerinnen und Schüler sollten aufgefordert werden, darüber nachzudenken, was es bedeutet, dass an zweiter Stelle bereits die soziale Angst steht.

Auswertungsfragen können sein

- Könnt ihr euch vorstellen, dass die soziale Angst an zweiter Stelle steht?
- Warum steht die soziale Angst so weit oben in der Rangliste?
- Wenn wir wissen, dass die soziale Angst so weit verbreitet ist, welche Folgen hat das für den Umgang miteinander innerhalb der Klasse, aber auch in der Schule?

Hinweis

Die Ermittlung des Siegers ist für Schülerinnen und Schüler nicht ganz einfach.

Dazu werden die absoluten Abweichungen addiert. Die Gruppe mit dem geringsten Wert hat nahe bei der Musterlösung gelegen. Sie ist der Sieger.

COPY

Top 10 – Die häufigsten Phobien

Phobien sind irrationale Ängste vor ganz bestimmten Dingen (Spinnen, Spritzen) oder Situationen (Fahrstuhl fahren). Auch gibt es so genannte soziale Phobien, d. h. das Auftreten starker Ängste bis hin zur Panik im Umgang mit Menschen, zum Beispiel vor Referaten. Weitere bekannte Phobien sind die Flugangst, die Spinnenangst oder Spinnenphobie, die Platzangst und die Redeangst. Phobien betreffen auch häufig den Aufenthalt in Menschenmassen, das Einkaufen in großen Kaufhäusern, das Überqueren weiter Plätze, das Autofahren, das Durchfahren von Tunneln, das Benutzen eines Aufzugs oder der U-Bahn (Metro), eines Busses oder Zuges. Den betroffenen Menschen ist meist bewusst, dass ihre Ängste übertrieben sind.

Was sind die häufigsten Phobien?

- Angst vor allen großen oder weiten Orten oder unübersichtlichen Situationen (Weiteangst = Agoraphobie)
- Angst vor dem Tod oder vor toten Dingen (Nekrophobie)
- Angst vor engen Räumen (Platzangst = Klaustrophobie):
- Angst vor Gewitter, d. h. Blitz und Donner (Brontophobie)
- Angst vor Höhen (Acrophobie)
- Angst vor Krebs (Carcinophobie)
- Angst vor Spinnen (Arachnophobie)
- Angst zu erbrechen (Emetophobie)
- Angst zu fliegen (Aerophobie)
- Angst, in sozialen Situationen negativ bewertet zu werden (Soziale Phobie)

	Meine Vermutung	Gruppenvermutung	Umfrageergebnis (Lösung)
1.			
2.			
3.			
4.			
5.			
6.			
7.			
8.			
9.			
10.			

COPY **Auswertungsbogen mit Lösung**

Die häufigsten Phobien sind

Die häufigsten Phobien	**Rangplatz der Gruppe**	**Rangplatz laut Musterlösung**	**Gruppenrangplatz minus Musterrangplatz**
1. Angst vor Spinnen (Arachnophobie): Die Hälfte aller Frauen und 10 Prozent aller Männer haben in gewissen Graden Angst vor Spinnen.		1	...... - 1 = ...
2. Angst, in sozialen Situationen negativ bewertet zu werden (Soziale Phobie).		2	...... - 2 = ...
3. Angst zu fliegen (Aerophobie).		3	...... - 3 = ...
4. Angst vor allen Orten oder Situationen, in denen Flucht nicht möglich oder schwierig ist oder in denen keine Hilfe verfügbar ist, falls plötzliche Panik-Symptome auftreten sollten (Weiteangst = Agoraphobie).		4	...... - 4 = ...
5. Angst vor engen Räumen (Platzangst = Klaustrophobie).		5	...... - 5 = ...
6. Angst vor Höhen (Acrophobie).		6	...... - 6 = ...
7. Angst zu erbrechen (Emetophobie).		7	...... - 7 = ...
8. Angst vor Krebs (Carcinophobie).		8	...... - 8 = ...
9. Angst vor Gewitter, d. h. Blitz und Donner (Brontophobie).		9	...... - 9 = ...
10. Angst vor dem Tod oder vor toten Dingen (Nekrophobie).		10	...... - 10 = ...
Summe der Abweichung zur Musterlösung (ohne Vorzeichen)			

http://www.phobia-fear-release.com/ten-most-common-phobias.html

3.7.8 Top 10 – Die zuckerreichsten Kleinigkeiten

Gruppe:	3er- und 4er-Gruppe
Zeit:	etwa 30 Minuten
Material:	Kopiervorlage S. 117 in Klassenstärke, Kopiervorlage S. 118 pro Tischgruppe, Schreibutensilien
Alter:	Sekundarstufe I
Fachbezug:	Naturwissenschaften, Ernährung, Hauswirtschaft

So geht es

Die Schüler bekommen die Aufgabe zu vermuten, welches der angeführten Lebensmittel mehr Zuckerstückchen enthält als die anderen. Sie sollen sie also in eine Rangfolge bringen. Dazu bekommen sie ein Arbeitsblatt (siehe Kopiervorlage).

1. **Einzelarbeit:** Die Schüler stellen zunächst in Einzelarbeit eine persönliche Rangliste auf. Ihr Ergebnis tragen sie in die linke Spalte der Vorlage ein.
2. **Gruppenarbeit:** Im nächsten Schritt stellen die Tischgruppenmitglieder im Uhrzeigersinn ihre Rangliste vor und begründen ihre Entscheidungen.
3. **Gruppenarbeit:** Im dritten Schritt beginnt die Diskussion. Ziel muss es sein, eine von allen Teammitgliedern getragene Entscheidung zu finden. Die Diskussion kann mit Redekärtchen geführt werden. Jeder Schüler hat vier Redekärtchen; bei jeder Antwort muss er ein Kärtchen in die Mitte legen. Wenn er alle Karten abgelegt hat, muss er warten, bis auch alle anderen ihre Karten abgelegt haben. Der fragende Schüler ruft auf, die anderen müssen sich melden. Fragen dürfen nicht doppelt gestellt werden.
4. Das Gruppenergebnis wird in die mittlere Spalte eingetragen.
5. **Plenumsgespräch:** Die Tischgruppen stellen ihre Ergebnisse in der Klasse vor. Anschließend wird die Musterlösung gezeigt (z. B. mit Hilfe einer Folie).
6. **Siegerehrung:** Die Gruppe hat gewonnen, deren Abweichung von der Lösung am geringsten ist.
7. **Auswertung:** Die Schülerinnen und Schüler können aufgefordert werden, darüber nachzudenken, welche dieser Lebensmittel sie täglich in welchen Mengen zu sich nehmen.

Hinweise

Die Ermittlung des Siegers ist für Schülerinnen und Schüler nicht ganz einfach.

Dazu werden die absoluten Abweichungen addiert. Die Gruppe mit dem geringsten Wert hat nahe bei der Musterlösung gelegen. Sie ist der Sieger.

Varianten

Je nach Fachbezug können Sie weitere Varianten entwickeln, z. B.:

Geografie: Suchen Sie die zehn längsten Flüsse der Welt oder Deutschlands heraus. Die Schülerinnen und Schüler müssen die Flüsse entsprechend der Länge sortieren. Ggf. verbinden Sie diese mit der Atlasarbeit.

Chemie / Physik: Die Schüler werden aufgefordert, unterschiedliche Stoffe hinsichtlich ihrer Dichte in eine Rangfolge zu bringen.

COPY

Top 10 – Die zuckerreichsten Süßigkeiten

Süßgetränke und Süßigkeiten gehören für viele Menschen zur täglichen Ernährung. Dabei wird häufig vergessen, dass ein hoher Zuckerkonsum negative Folgen für die Gesundheit hat.

Welche Süßigkeiten bzw. Süßgetränke besitzen den meisten Zucker?

- 100 g Vollmilchschokolade (eine Tafel)
- 100 g Nuss-Nougat-Creme / Nutella (¼ Glas)
- 100 g Kinder-Milchschnitte (3 ½ Schnitten)
- 100 g Kaugummi (3 Packungen à 6 Streifen)
- 100 g Gummibärchen (kleine Tüte)
- 100 g Eiscreme (Fruchteis) (eine Portion)
- 100 g Duplo (etwa 5 Riegel)
- 100 ml Cola / Limonade / Eistee (½ kleines Glas)
- 100 g Bonbons (kleine Tüte)
- 100 g Balisto Müsli-Riegel (2 ½ Riegel)

	Meine Vermutung	Gruppenvermutung	Umfrageergebnis (Lösung)
1.			
2.			
3.			
4.			
5.			
6.			
7.			
8.			
9.			
10.			

COPY **Auswertungsbogen mit Lösung**

Süßigkeiten / Süßgetränke umgerechnet in die entsprechende Menge Würfelzucker (à 3 g):

Die zuckerreichsten Kleinigkeiten	**Rangplatz der Gruppe**	**Rangplatz laut Musterlösung**	**Gruppenrangplatz minus Musterrangplatz**
1. Bonbons (100 g = 32 Würfelzucker)		1	...... - 1 = ...
2. Kaugummi (100 g = 26 Würfelzucker)		2	...... - 2 = ...
3. Gummibärchen (100 g = 25 Würfelzucker)		3	...... - 3 = ...
4. Balisto Müsli-Riegel (100 g = 20 Würfelzucker)		4	...... - 4 = ...
5. Nuss-Nougat-Creme / Nutella (100 g = 20 Würfelzucker)		5	...... - 5 = ...
6. Vollmilchschokolade (100 g = 19 Würfelzucker)		6	...... - 6 = ...
7. Duplo (100 g = 17 Würfelzucker)		7	...... - 7 = ...
8. Kinder-Milchschnitte (100 g = 11 Würfelzucker)		8	...... - 8 = ...
9. Eiscreme (Fruchteis) (100 g = 7 Würfelzucker)		9	...... - 9 = ...
10. Cola / Limonade / Eistee (100 ml = 4 Würfelzucker)		10	...... - 10 = ...
Summe der Abweichung zur Musterlösung (ohne Vorzeichen)			

Quelle: Praxis integrierter Naturwissenschaftlicher Grundbildung, (Hrsg.) Wir ernähren uns gesund, Themenmappe für Jahrgang 7/8. Kiel 2002, S. 5.20A. Eigene Umrechung auf 100 Gramm bzw. Milliliter.

Idee: Peter Behrens, Bremerhaven

3.7.9 Das 3 x 4-Puzzle

Gruppe: 3er- und 4er-Gruppe

Zeit: etwa 15 – 30 Minuten

Material: Kopiervorlage S. 121 (Beispiel) in Klassenstärke, Lösung als Kopiervorlage, Schreibutensilien, pro Tisch eine Schere

Alter: Alle Schulstufen

So geht es

Vorbereitung

1. Jede Tischgruppe erhält eine Kopie mit dem Puzzle.
2. Dann wird das Puzzle in vier Streifen geschnitten, so dass jedes Teammitglied einen Streifen mit drei oder vier Kästchen vor sich liegen hat.
3. Jedes Teammitglied kennzeichnet seine Kästchen, z. B. durch einen farbigen Punkt oder die Anfangsbuchstaben des eigenen Vor- und Zunamens. Ein Beispiel: Jens markiert seine Teile mit einem roten Punkt, Vanessa ihre mit einem grünen usw.
4. Dann werden auch die Streifen in Kästchen zerschnitten.
5. Jetzt hat jeder Schüler 3 Puzzleteile vor sich liegen.

Durchführung

1. Jetzt kann das Puzzle-Spiel beginnen. Die Gruppe muss das Puzzle zusammenfügen. Aber jedes Tischgruppenmitglied darf nur seine eigenen Teile berühren. Zudem darf nicht gesprochen werden. Nur Handzeichen sind erlaubt.
2. Die schnellste Tischgruppe gibt ein Zeichen. Der Unterrichtende prüft, ob das Puzzle richtig gelegt wurde. Ist dies der Fall, dann hat die Gruppe den ersten Platz. Andernfalls muss sie weiter tüfteln.

Varianten

- Die Teams in der Klasse puzzeln um die Wette. Das macht den Klassen in der Regel sehr viel Freude. Gleichzeitig erhöht es die Versuchung, die Teile der anderen Teammitglieder zu berühren oder zu sprechen.
- In der Auswertung kann auch der Gruppenprozess in den Teams im Mittelpunkt stehen.
- Thematisch schließt sich dem Puzzle die Bildbetrachtung an. Hier kann natürlich wieder kooperativ gearbeitet werden, aber auch ein Unterrichtsgespräch mit Folie kann sich anschließen.
- Natürlich lassen sich auch andere Unterrichtsgegenstände zerlegen:

- Gedichte im Lyrik-Unterricht
- Sachtexte in Biologie oder Politik
- Rechenwege in Mathematik
- Versuchsabläufe in Chemie
- Mechanik in Physik
- Kartenarbeit in Geografie
- Karikaturen in Politik
- usw.

Praxistipps

- Bevor mit dem Puzzle begonnen wird, muss das ganze Verfahren einmal der Klasse erläutert werden. Wir raten dazu, dass das Verfahren anschließend in der Tischgruppe besprochen wird und ein zufällig ausgewählter Schüler dann noch einmal mit seinen Worten das Verfahren erklärt.
- Legen Sie immer 3 x 4-Puzzle oder 6 x 4-Puzzle an. So können Sie in Ihren Klassen problemlos mit 3er- oder 4er-Gruppen arbeiten. Die 4er-Gruppen zerteilen die Puzzle-Vorlage so, dass vier Streifen à 3 Kästchen entstehen, die 3er-Gruppen entsprechend, dass drei Streifen mit jeweils 4 Kästchen vorliegen.
- Die Puzzles lassen sich sehr einfach selber herstellen. Immer wenn Abbildungen im Zentrum des Unterrichts stehen, bietet sich diese Methode an:

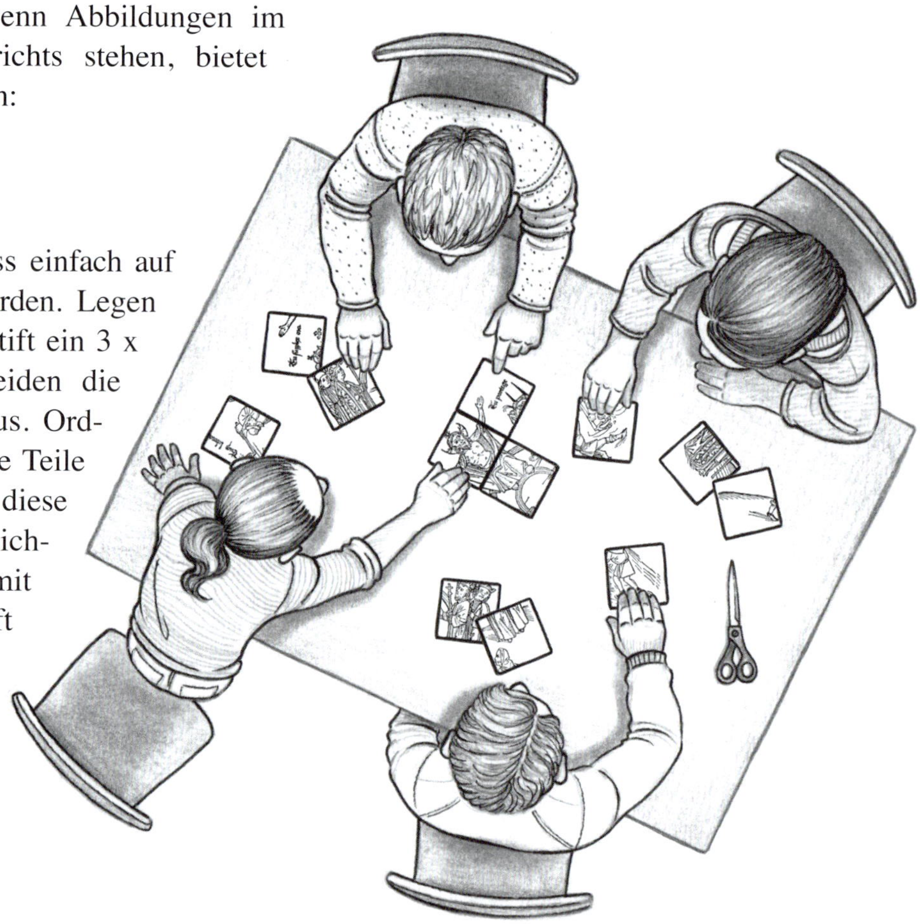

Das Originalbild muss einfach auf den Kopierer gelegt werden. Legen Sie dann mit dem Bleistift ein 3 x 4-Raster an und schneiden die einzelnen Puzzleteile aus. Ordnen Sie anschließend die Teile neu an und kleben Sie diese auf ein neues Papier. Zeichnen Sie nun das Raster mit einem schwarzen Stift nach, und fertig ist die Kopiervorlage.

Vgl. Kagan 1994, Kap. 11, S. 8.

COPY

Beispiel aus dem Geschichtsunterricht, Klassenstufe 6

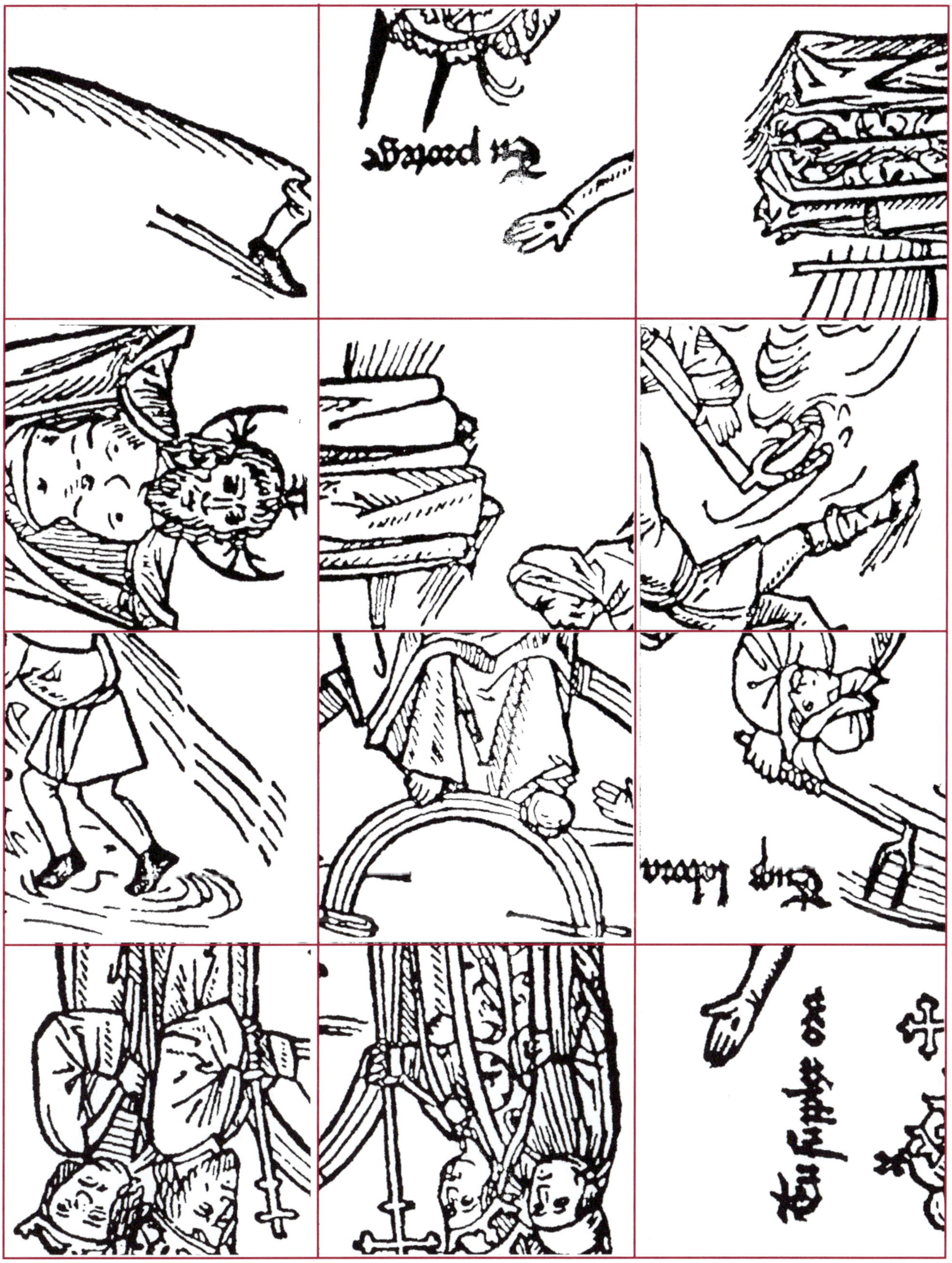

Auftrag:

1) Schneidet das Bild in drei bzw. vier Streifen, so dass jedes Gruppenmitglied einen Streifen besitzt.
2) Jedes Teammitglied markiert die Quadranten seines Streifens mit einer Farbe, so dass jeder erkennen kann, wem welche Puzzleteile gehören. Ein Beispiel: Jens markiert seine Teile mit einem roten Punkt, Vanessa ihre mit einem grünen usw.
3) Jeder schneidet jetzt seine Puzzleteile aus und legt sie vor sich auf den Gruppentisch.
4) Anschließend kann das Puzzle-Spiel beginnen: Die Gruppe muss das Puzzle zusammenfügen. Aber jeder darf nur seine eigenen Teile berühren. Zudem darf nicht gesprochen werden. Nur Handzeichen sind erlaubt.

COPY **Beispiel aus dem Geografieunterricht (Orientierungswissen Europa)**

Beispiel aus dem Kunstunterricht: Expressionistischer Holzschnitt

3.8 Wechselseitiges Vertrauen fördern

3.8.1 Pendel-Übung

Gruppe: 3er- und 4er-Gruppe

Zeit: 10 Minuten

Material: –

Raum: freier Platz ohne Tische und Stühle

Alter: Alle Schulstufen

So geht es

1. Jeweils etwa gleich kräftige Schüler bzw. Schülerinnen bilden eine 3er- oder 4er-Gruppe.
2. Zwei bzw. drei Schüler stehen sich im Abstand von maximal zwei Metern gegenüber. In der Mitte steht ein weiterer Schüler.
3. Dieser pendelt jetzt mit steifem Körper zwischen den ausgestreckten Armen der anderen Teammitglieder langsam hin und her. Die Teammitglieder empfangen den Schüler, indem sie ihn an den Schultern halten und abfedern und dann vorsichtig zum gegenüberstehenden Schüler schieben. So pendelt der Schüler in der Mitte langsam und sanft hin und her.
4. Wenn ausreichend Vertrauen entstanden ist, dann soll der Schüler in der Mitte auch die Augen schließen. Wichtig ist, dass die Schüler nicht zu weit auseinander stehen, da sie sonst mitunter den pendelnden Schüler nicht angemessen auffangen können. Hier ist der Lehrer gefordert, die gegenseitige Verantwortung einzufordern und gleichzeitig die Übungen zu beobachten.

   Neben der körperlichen Aktivität ist der Sinn der Übung die Förderung des gegenseitigen Vertrauens.

3.8.2 Menschlichen Knoten bilden und lösen

Gruppe: Gruppen mit 8 und 15 Schülern, Klassen ggf. in zwei Hälften teilen.

Zeit: 10 – 20 Minuten

Material: –

Raum: Freier Platz ohne Tische und Stühle

Alter: Alle Schulstufen

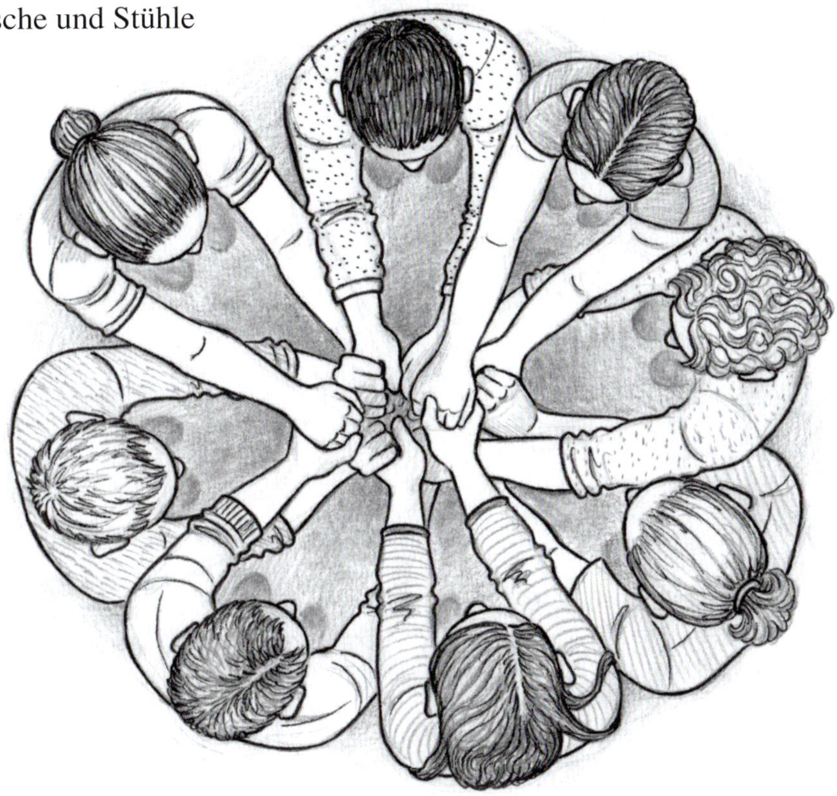

So geht es

1. Die Gruppe bildet stehend einen ganz engen Kreis. Alle Schüler strecken dann ihre Arme vor sich in die Mitte. Dann greift jeder zwei verschiedenen Gruppenmitgliedern an die Hand. Jeder Schüler muss also eine andere Hand festhalten. Diese darf er jetzt auf keinen Fall mehr loslassen.
2. Jetzt ist eine lange Schlange entstanden, die aber stark verknotet ist. Dieser Knoten muss jetzt aufgelöst werden, ohne die Hände zu lösen. Dazu müssen die Schülerinnen und Schüler über- und untereinander klettern, sich gegenseitig Hilfe geben etc.
3. Nun kann reflektiert werden, wie der Knoten gelöst worden ist und ob das Vorgehen Ähnlichkeiten mit dem Lösen eines Konflikts hat.

Hinweis

- Anfänglich entsteht der Eindruck, als sei es unmöglich den Knoten zu lösen. Unsere Erfahrung ist, dass bislang immer alle Gruppen das Problem gelöst haben.
- Diese Übung macht den Schülerinnen und Schülern aller Altersstufen viel Freude.

3.8.3 Sprecher, Modell und blindes Huhn

Gruppe: Klasse in 3er- und 4er-Gruppen

Zeit: ca. 15 Minuten

Material: —

Raum: 2 Stühle mit freiem Platz davor

Alter: Alle Schulstufen

So geht es

1. In Kleingruppen gibt es vier Rollen:
   - Sprecher
   - Modell
   - Modellierer und
   - blindes Huhn
2. Das Modell sitzt auf einem Stuhl und wird vom Modellierer in eine bestimmte (vielleicht auch komplizierte) Haltung auf dem Stuhl gebracht.
3. Daneben sitzt auf einem zweiten Stuhl das blinde Huhn mit geschlossenen Augen. Der davor stehende Sprecher hat nun die Aufgabe, dem blinden Huhn Anweisungen zu geben, bis dieses genauso sitzt wie das Modell. Rückfragen des blinden Huhns sind nicht erlaubt.
4. Die erste Spielrunde endet, wenn der Sprecher mit seinen Erklärungen fertig ist und das Modell sein Ok zu der Sitzhaltung gibt.
5. Drei weitere Runden schließen sich an, bis jedes Gruppenmitglied einmal jede Rolle hatte.

4. Energizer – Schwung in die Lerngruppe bringen

In diesem Kapitel stellen wir einige Übungen vor, mit denen Sie die Schülerinnen und Schüler Ihrer Klasse beleben und etwas in Schwung versetzen können.

Das ist mitunter notwendig, wenn noch nach der Mittagspause unterrichtet wird und bereits der Vormittag sehr anstrengend war. Es kann aber auch sinnvoll sein, wenn die Schülerinnen und Schüler sehr unkonzentriert sind. Der Energizer bündelt in gewisser Weise die Unruhe in einem Spiel. Häufig verläuft der sich anschließende Unterricht wieder in ruhigeren Bahnen.

Zum Einsatz der Energizer gilt im Grunde das Gleiche, was wir zuvor zu den Teamgeistübungen gesagt haben. Ihr Einsatz ist abhängig von der Lerngruppe und von Ihren persönlichen Einschätzungen.

Auch in diesem Kapitel gibt es Übungen für Kleingruppen (Kap. 4.1) und Übungen, die mit der ganzen Klasse durchgeführt werden (Kap. 4.2). Für diese Übungen braucht man in der Regel etwas mehr Platz und muss die Tische und Stühle zur Seite räumen oder in einen größeren leeren Raum gehen.

4.1 Energie in der Gruppe tanken

4.1.1 Klangbilder / Geräusche erraten

Gruppe: Ganze Klasse

Zeit: Etwa 30 Minuten

Material: Karten mit Situationen, in denen es Geräusche gibt

Raum: Freier Platz vor der Klasse, Flur oder freie Räume zum Üben

Alter: Alle Schulstufen, abhängig von der Kopiervorlage (S. 129)

Kleingruppen imitieren Geräuschkulissen oder Situationen, die die anderen erraten müssen.

So geht es

1. Jede Kleingruppe erhält eine Karte, auf der eine Situation genannt ist, in der es Geräusche gibt.
2. Sie üben ein, die Situation akustisch darzustellen. Sie können Geräusche auch mit einfachen Hilfsmitteln erzeugen (Wasserglas zum Plätschern etc.), aber in keinem Fall sprechen oder singen, d. h. Wörter verwenden.
3. Die Gruppen präsentieren nun und die anderen müssen erraten, worum es sich handelt.

Variante

Bei der Präsentation können die anderen Gruppen aufgefordert werden, ihr Gesicht zur Rückseite des Raumes zu wenden, so dass sie die Darsteller nicht sehen können. Dann wird es meistens etwas schwieriger. Für die Darsteller allerdings wird es leichter, da sie nicht in die Gesichter der Mitschüler schauen müssen.

COPY

Klangbilder: Mögliche Situationen können sein

Im Fußballstadion	Im Sportunterricht
Im Hafen	Auf dem Herren-WC
Auf dem Schulhof	Auf dem Bahnhof
Im Wald	Auf der Kirmes
Während einer schweren Klassenarbeit	Im Wartezimmer des Zahnarztes

4.1.2 Wir verreisen – aber wie?

Gruppe:	Ganze Klasse, in 3er- und 4er-Gruppen
Zeit:	Etwa 30 Minuten
Material:	Karten mit Möglichkeiten, wie man verreisen kann
Raum:	Freier Platz vor der Klasse, Flur oder freie Übungsräume
Alter:	Alle Schulstufen, abhängig von der Kopiervorlage (s. u.)

Es werden Situationen pantomimisch vorgestellt, die die anderen Gruppen erkennen sollen.

So geht es

1. Jede Kleingruppe erhält eine Karte, auf der Möglichkeiten genannt sind, wie man verreisen kann.
2. Sie üben eine pantomimische Darstellung dieser Reisemöglichkeiten ein.
3. Die Gruppen stellen ihre Pantomime vor der Klasse dar, und die anderen müssen erraten, worum es sich handelt.

So können die Schüler verreisen:

In der U-Bahn	Mit dem Hundeschlitten
Mit dem Fahrrad	Auf dem Surfbrett
Mit dem Heißluftballon	Im ICE
Auf einem Kamel	Mit dem Bus
Im Flugzeug	In der Seilbahn
In der Bobbahn	In einer Rakete

In der Regel sind die Schüler nach dieser relativ schnellen Übung gut gelaunt und vor allem im Nachmittagsunterricht wieder etwas aufmerksamer.

4.1.3 Redensarten

Gruppe:	Ganze Klasse, in 3er- und 4er-Gruppen
Zeit:	Etwa 30 Minuten
Material:	Karten mit Redensarten
Raum:	Freier Platz vor der Klasse, Flur oder freie Räume zum Üben
Alter:	Alle Schulstufen, abhängig von der Kopiervorlage

Es werden Redensarten pantomimisch vorgestellt, die die anderen Gruppen erkennen sollen.

So geht es

1. Jede Kleingruppe erhält eine Karte, auf der Redensarten genannt sind.
2. Sie üben eine pantomimische Darstellung dieser Redensarten ein.
3. Die Gruppen stellen ihre Pantomime vor der Klasse dar, und die anderen müssen erraten, worum es sich handelt.

Mögliche Redensarten können sein:

Jemanden auf Glatteis führen

Sand in die Augen streuen

Den Buckel runter rutschen

Auf die lange Bank schieben

Stielaugen bekommen

Das Fass zum Überlaufen bringen

Ein Brett vorm Kopf haben

Öl ins Feuer gießen

Die Nase voll haben

4.1.4 Pantomime-Spiel

Gruppe: Ganze Klasse, in 3er- und 4er-Gruppen

Zeit: Etwa 20 Minuten

Material: Karten mit jeweils einem pantomimisch darstellbaren Begriff; ggf. Kopiervorlagen S. 134 – 136

Raum: Klassenraum

Alter: Primarstufe bis Sekundarstufe II

Es geht bei dieser Übung darum, dass die Schülerinnen und Schüler einen Begriff schauspielerisch interpretieren, ohne zu sprechen. Wenn etwas ohne Worte vor allem mit Gestik und Mimik dargestellt wird, nennt man das Pantomime[1]. Dies kennen die Schülerinnen und Schüler manchmal aus dem Deutschunterricht oder auch aus ihrer Freizeit. Die Pantomime[1] soll hier dazu genutzt werden, die Schüler auf eine leichte und kreative Art in Bewegung zu bringen.[2] Ein Gruppenmitglied stellt etwas dar und die anderen müssen erraten, was es ist.

So geht es

Vorbereitung

1. Die Lehrperson bereitet auf Karten Wörter vor, die die Schüler dann darstellen sollen. Auf jede Karte wird ein Wort oder Wortpaar geschrieben. Dabei können alle Wörter aus einem Bereich stammen, wie z. B. Sportarten oder Märchen. Diese Wörter können etwas mit dem Unterrichtsstoff zu tun haben, müssen es aber nicht. Für jeden Gruppentisch muss ein Satz Karten vorbereitet werden.
2. Das Vorgehen wird erklärt und dabei ggf. der Themenbereich genannt, aus dem die Wörter stammen.
3. Jede Gruppe bekommt einen Kartensatz und legt diesen umgedreht in die Mitte ihres Tisches.

Einzelarbeit

4. Jeder Schüler zieht eine Karte und achtet darauf, dass die anderen nicht sehen, was darauf steht. Er überlegt sich, wie er das schauspielerisch darstellen kann, was auf der Karte steht. Dabei darf er aber nicht sprechen.

Gruppenarbeit

5. Der erste Schüler stellt nun das vor, was auf seiner Karte steht. Die anderen schauen zu und müssen erraten, was er darstellt. Der Schüler spielt so lange, bis die anderen richtig geraten haben. Danach kommt der im Uhrzeigersinn Nächste an die Reihe und stellt dar, was auf seiner Karte steht.

[1] Pantomime ist eigentlich eine Kunstform, die einer oft längeren Ausbildung bedarf.

[2] Dieses Verfahren stellt Kagan als Team Charade vor, vgl. Kagan / Kagan 2012b, S. 134ff.

Umsetzung im Fachunterricht

- In Deutsch kann man im Rahmen einer Unterrichtsreihe zu Märchen die Schüler auch diese Märchen spielen lassen (siehe Kopiervorlage S. 136). Wenn man ein Buch gelesen hat, dann kann man auch die Personen, die in dem Buch vorkommen, auf die Karten schreiben.
- Sport: Die Schülerinnen und Schüler stellen verschiedene Sportarten dar, dabei können auch ausgefallene sein, wenn sie diese im Sportunterricht kennengelernt haben.
- Biologie: Die Schülerinnen und Schüler stellen die Tiere dar, die sie gerade im Unterricht kennenlernen (siehe Kopiervorlage S. 134). Diese Übung kann auch mit der Übung S. 32 kombiniert werden.

Varianten

- Kindern wie Erwachsenen macht diese Übung sehr viel Spaß. Ältere Schüler können auch aufgefordert werden, abstrakte Begriffe darzustellen, die nicht ganz einfach nachzuspielen sind.[3] Besonders schwer wird es, wenn man zusammengesetzte Begriffe spielen lässt, denn dann muss zunächst der erste und dann der zweite Begriff gespielt werden. Legen Sie dazu auf jeden Gruppentisch 10 Zettelchen mit jeweils einem zusammengesetzten Begriff. Achten Sie darauf, dass die Zettelchen umgedreht auf dem Tisch liegen und die anderen Gruppenmitglieder die Begriffe nicht lesen.
- Wenn Sie im Deutschunterricht im Zusammenhang mit der Wortbildung den Bereich der Komposita thematisieren, können Sie mit dieser Übung wunderbar einsteigen.

Schneckenhaus	Tintenkiller	Hosenträger
Küchenmesser	Scheibenwischer	Wagenheber
Zitronenfalter	Motorsport	Computerspiel
Regenbogen	Seifenspender	Bücherwurm

[3] Im Handel ist unter dem Namen „Activity“ ein solches Spiel erhältlich.

Affe	Schlange
Löwe	Känguru
Krokodil	Frosch
Pferd	Kuh

Lehrer	Arzt
Automechaniker	Friseur
Koch	Bankangestellter
Schreiner	Masseur

Rumpelstilzchen	Hänsel und Gretel
Froschkönig	Rapunzel
Dornröschen	Rotkäppchen
Aschenputtel	Schneewittchen

4.1.5 Standbilder bauen

Gruppe: Ganze Klasse, in 3er- und 4er-Gruppen

Zeit: Etwa 20 Minuten

Material: Karten mit jeweils einem im Standbild darstellbaren Begriff; ggf. Kopiervorlage S. 139

Raum: Klassenraum; es ist günstig, wenn die Schüler auf den Flur oder auch in andere Räume können.

Alter: Primarstufe bis Sekundarstufe II

Aus dem Deutschunterricht ist die Methode des Standbildes bekannt.[4] Dort wird sie für die Interpretation von Texten genutzt. Man kann sie aber auch einfach einsetzen, um die Schüler auf eine leichte und kreative Art in Bewegung zu bringen. Dann gibt man ihnen keine Aufgaben, die sich auf Texte beziehen, sondern nennt ihnen etwas, was sie als Gruppe nachbilden sollen.[5] Die anderen Schülerinnen und Schüler der Klasse erraten dann, was die Gruppe darstellt.

So geht es

Vorbereitung

1. Die Lehrperson überlegt, welchen Begriff die Schüler als Standbild darstellen sollen. Dabei soll diese Aufgabe für die jeweilige Altersstufe möglichst herausfordernd sein. Die Lehrperson bereitet entsprechende Karten vor. Die Bezeichnung muss nicht unbedingt mit dem Unterrichtsstoff zu tun haben. Jede Gruppe kann dieselbe Karte bekommen oder jeweils andere.

2. Die Lehrperson erklärt, dass die Gruppenmitglieder beim Standbild eine der Vorgabe angemessene Stellung einnehmen müssen und sich dann nicht mehr bewegen dürfen. Dann teilt sie die Karten aus, auf denen steht, was mit dem Standbild dargestellt werden soll. Jedes Gruppenmitglied muss Teil des Standbildes sein. Abschließend werden die Zeiten für die Einzel- und die Gruppenarbeit genannt.

Einzelarbeit

3. Jeder Schüler überlegt sich, wie das, was der Lehrer vorgegeben hat, am besten als Standbild dargestellt werden kann.

[4] Vgl. Scheller, 2004, S.71ff.

[5] Dieses Verfahren stellt Kagan als Team Formations vor, vgl. Kagan / Kagan 2012b, S. 150ff.

Gruppenarbeit

4. Die Gruppenmitglieder stellen reihum vor, was sie sich überlegt haben, und entscheiden dann, wie ihr Standbild aussehen soll.
5. Die Gruppe setzt ihre Idee um. Dabei können auch verschiedene Varianten ausprobiert werden.

Präsentation

6. Die Standbilder können in der Klasse vorgestellt werden. Dies muss aber nicht sein, wenn der Zweck der Übung ist, Schwung in die Lerngruppe zu bringen. Dann reicht es, wenn die Schüler ihre Standbilder einüben und der Lehrer dabei herumgeht und Rückmeldungen gibt. Eine Präsentation ist sinnvoll, wenn die Gruppen unterschiedliche Dinge darstellen und die anderen dies erraten sollen.

Variante

- Den Schülerinnen und Schülern kann erlaubt werden, Dinge aus dem Klassenraum als Requisiten zu benutzen.

Umsetzung im Fachunterricht

- **Mathematik:** Man kann den Schülerinnen und Schülern geometrische Formen nennen, die sie nachbilden sollen (siehe Kopiervorlage S. 139). Wenn man den Gruppen nur Bezeichnungen gibt und diese vorher im Unterricht eingeführt worden sind, dann dient die Übung der Wiederholung und die Gruppenmitglieder müssen sich an die Formen erinnern. Wenn die Figuren hingegen noch nicht bekannt sind, dann sollte man den Gruppen Karten geben, auf denen sie abgebildet sind. So können sie die Formen eindrücklich kennenlernen.
- **Deutsch:** Wenn die Schülerinnen und Schüler schreiben lernen, können sie die Aufgabe bekommen, als Team jeweils einen Buchstaben oder später auch ein Wort darzustellen.

Rechteck	Quadrat
rechtwinkliges Dreieck	Trapez
gleichwinkliges Dreieck	Parallelogramm
gleichseitiges Dreieck	Kreis

4.1.6 Bilder erraten

Gruppe:	Ganze Klasse, in 3er- und 4er-Gruppen
Zeit:	Etwa 15 Minuten
Material:	Stifte, Papier, Listen mit Worten, Ideen oder Dingen, die gezeichnet werden können.
Raum:	Klassenraum
Alter:	Alle Schulstufen, abhängig von der Kopiervorlage

So geht es

Vorbereitung

1. Legen Sie eine Liste mit Dingen an, die die Schüler malen sollen. Zerschneidern Sie diese Liste, so dass viele Kärtchen mit unterschiedlichen Begriffen vorliegen. Diese stecken Sie in einen Briefumschlag. Jeder Tisch bekommt einen solchen Umschlag.
2. Erklären Sie das Vorgehen. Teilen Sie den Schülerinnen und Schülern mit, dass es nicht um die künstlerische Gestaltung geht, sondern darum, einen Begriff zu erraten.

Einzelarbeit

3. Alle Schüler an der Tischgruppe ziehen aus dem Briefumschlag ein Kärtchen. Dann zeichnet jeder am Tisch den vorgegebenen Begriff. Dafür bekommen alle 2 Minuten.

Gruppenarbeit

4. Die Bilder werden in der Gruppe gezeigt. Im Uhrzeigersinn raten die anderen Gruppenmitglieder, was auf dem Bild dargestellt ist.

Variante

Es sind mehrere Runden möglich.

4.1.7 Gemeinsam aufstehen

Gruppe: Klasse, Schülerinnen und Schüler jeweils zu zweit

Zeit: 5 – 10 Minuten

Material: –

Raum: Freier Platz ohne Tische und Stühle

Alter: Alle Schulstufen

So geht es

1. Jedem Schüler wird ein Partner zugeteilt.
2. Jeweils zwei Schüler sitzen Rücken an Rücken auf dem Boden, haken, wenn sie möchten, ihre Arme ein und ziehen die Knie an. Ohne eingehakte Arme ist es schwerer.
3. Jetzt versuchen sie gemeinsam aufzustehen. Dazu müssen sie sich auf den Partner einstellen, damit sie nicht die Balance verlieren.
4. Jeweils zwei Paare bilden nun eine Gruppe.
5. Anschließend wird die gleiche Übung mit der Gruppe durchgeführt. Damit dies gelingt, müssen die Schüler dicht zusammensitzen und behutsam vorgehen.

4.1.8 Hüpfender Tausendfüßler

Gruppe:	Klasse in 3er- und 4er-Gruppen
Zeit:	5 – 10 Minuten
Material:	—
Raum:	Freier Platz ohne Tische und Stühle
Alter:	Alle Schulstufen

So geht es

1. Die Schüler einer Gruppe stellen sich in einer Reihe hintereinander auf.
2. Bis auf den ersten Schüler legt jeder die rechte Hand auf die Schulter des vor ihm stehenden Schülers.
3. Jetzt winkeln alle das linke Bein an und halten es mit der linken Hand am Knöchel fest.
4. Nun müssen alle gemeinsam hüpfen.

Variante

Anspruchsvoller ist die Übung, wenn man das freie Bein des Hintermanns halten muss, anstatt die Hand auf die Schulter zu legen.

4.1.9 Knoten im Faden

Gruppe:	Klasse in 3er- und 4er-Gruppen
Zeit:	15 Minuten
Material:	Lange Wollfäden oder 3 bis 4 m langes, dünnes Seil
Raum:	Freier Platz ohne Tische und Stühle
Alter:	Alle Schulstufen

So geht es

1. Die Schülerinnen und Schüler einer Vierer-Gruppe teilen sich in Paare. Die Schüler eines Paares greifen jeweils ein Ende des Seils. Die Paare stehen sich gegenüber, das Seil hängt locker zwischen ihnen.
2. Wichtig ist, dass sie das rund vier Meter lange Seil (oder den entsprechenden Wollfaden) am Ende fest fassen und während der Übung nicht mehr loslassen. Die beiden Hände der Partner sollten nahe beieinander das Seil festhalten.
3. Jetzt haben die Gruppen die Aufgabe, in die Mitte des Seils einen Knoten zu machen, ohne dabei das Seil loszulassen.

Erfahrungsgemäß sind einzelne Schülergruppen recht schnell bei der Übung. Dabei übernimmt dann meistens ein Schüler die Führung in der Kleingruppe. Wenn Sie die Übung hier etwas erschweren möchten, dann können Sie die Vorgabe machen, dass während der Übung nicht gesprochen werden darf.

Nicht selten stellt sich bei dieser Übung heraus, dass einzelne Schüler selbst einen einfachen Knoten nicht wirklich beherrschen.

4.1.10 Namensscrabble

Gruppe:	Klasse in 3er- und 4er-Gruppen
Zeit:	ca. 10 Minuten
Material:	Papier, eine Schere pro Gruppe, Stifte
Raum:	Gruppentische
Alter:	Alle Schulstufen

So geht es

1. Jeder Schüler schreibt seinen Vornamen in Großbuchstaben deutlich auf ein Papier. Dabei benutzt jeder eine andere Farbe.
2. Die Buchstaben werden dann ausgeschnitten und in die Mitte auf den Gruppentisch gelegt.
3. Die Gruppe soll jetzt ein neues Wort aus den Buchstaben bilden. Dabei darf jeder nur seine Buchstaben berühren. Das Wort wird dann protokolliert und anschließend wieder aufgelöst. Dann wird ein neues Wort gebildet. Innerhalb von drei Minuten sollen die Gruppen so viele neue Wörter mit den Buchstaben bilden wir möglich.
4. Die Gruppe, die die meisten Wörter in der vorgegebenen Zeit findet, ist Klassensieger.

Variante

Die Schüler dürfen nicht miteinander sprechen.

4.1.11 Energizer für Fremdsprachen

Gruppe:	Klasse in 3er- und 4er-Gruppen
Zeit:	ca. 10 Minuten
Material:	Papier, Stifte
Raum:	Gruppentische
Alter:	Sekundarstufe 1

So geht es

1. Es wird ein Oberbegriff ausgewählt, z. B. „School".
2. Es werden 1 – 5 Buchstaben aus dem Alphabet ausgewählt, indem 5 verschiedene Schüler jeweils einen anderen Buchstaben nennen.
3. Jeder schreibt nun in einer Minute alle Wörter zu dem Wortfeld des Oberbegriffes auf, die mit einem der ausgewählten Buchstaben beginnen.
4. Die Schülerinnen und Schüler sammeln in der Gruppe alle Begriffe (2 Min.).
5. Die erste Gruppe liest nun ihr erstes Wort vor. Wenn keine andere Gruppe das Wort hat, gibt es einen Punkt. Dies geht dann so von Gruppe zu Gruppe, bis alle Wörter vorgelesen worden sind.
6. Die Gruppe mit den meisten Punkten hat gewonnen.
7. Bei der nächsten Runde wird ein anderer Oberbegriff ausgewählt und eine andere Gruppe darf beginnen.

4.1.12 Gemeinsames Zuhören

Gruppe: Ganze Klasse
Zeit: 10 Minuten
Material: Eine Geschichte
Alter: Primarstufe, Sekundarstufe I

So geht es

Vorbereitung

1. Wählen Sie eine kurze Erzählung aus, in der sich bestimmte Begriffe möglichst mehrmals wiederholen.
2. Wählen Sie bei sechs Tischgruppen sechs Begriffe aus. Markieren Sie diese.
3. Teilen Sie jeder Tischgruppe mit, auf welchen Begriff sie achten muss. Weisen Sie jede Gruppe an, aufzustehen und / oder auf das bestimmte Wort hin ein besonderes Geräusch / eine Bewegung zu machen.

Durchführung

1. Lesen Sie jetzt die Geschichte vor. Die Schüler müssen an den entsprechenden Stellen die geforderten Geräusche / Bewegungen machen.
2. Sie können auch vereinbaren, dass Gruppen, die ihr Stichwort überhören, anschließend gleich zweimal die geforderten Geräusche etc. vormachen müssen.

Hinweise

Das geht wunderbar im Deutsch- und im Fremdsprachenunterricht. Hier erhöht es die Kompetenz des Zuhörens.

4.1.13 Auf den Rücken zeichnen

Gruppe:	Ganze Klasse, in 3er- und 4er-Gruppen
Zeit:	Etwa 5 Minuten
Material:	--
Raum:	Klassenraum.
Alter:	Primarstufe bis Sekundarstufe I

Bei dieser Aktivierung wird der Tastsinn der Schüler angesprochen. Dazu zeichnen oder schreiben sie dem Partner etwas auf den Rücken, was der andere erkennen muss.[6]

So geht es

1. Die Schüler werden aufgefordert, mit dem Zeigefinger ein Wort auf dem Rücken des Partners zu schreiben. Der hat die Aufgabe, sehr genau wahrzunehmen, was auf seinem Rücken geschrieben wird. Er soll erkennen, um welches Wort es sich handelt.
2. Anschließend wechseln die Rollen.

Hinweise

- Diese Übung wirkt leichter, als sie in der Praxis ist. Denn der Tastsinn auf dem Rücken ist nicht sonderlich fein ausgeprägt. Kleine oder nahe beieinander liegende Bewegungen können nicht wahrgenommen bzw. unterschieden werden. Daher ist es wichtig, dass die Schreib- oder Zeichenbewegungen über den gesamten Rücken gemacht werden. Dabei muss der Schreiber sehr langsam vorgehen.
- Bei der Übung müssen die Schüler ihre Jacken oder dicken Pullis ausziehen, da sie sonst keine deutlichen Konturen auf dem Rücken spüren können. Hilfreich ist eine entspannte Haltung. Dazu setzen sich die Schüler umgekehrt auf den Stuhl und lehnen sich mit dem Oberkörper an die Rückenlehne des Stuhls.
- Werden Begriffe oder Wörter benutzt, dann sollten sie Buchstabe für Buchstabe geschrieben werden – in Druckbuchstaben. Wird doch Schreibschrift verwendet, gelingt die Entzifferung in der Regel nicht und die Motivation erschlischt sehr schnell.
- Lassen Sie die Schüler erproben, welche Formen sie noch zu entziffern vermögen, oder wie lang die Wörter sein dürfen, bevor die Merkfähigkeit des Kurzzeitgedächtnis' überfordert ist.

[6] Nach einer Idee in: Rahnstein / Reichel / Thanhoffer 2004, S. 3. A5.

Umsetzung im Fachunterricht

- **Primarstufe:** In der Grundschule ist es schon ausreichend, wenn Buchstaben oder Zahlen auf den Rücken gezeichnet und anschließend erraten werden. Auch einfache geometrische Formen sind denkbar (Kreis, Dreieck, Quadrat, Rechteck). Werden Zahlen, Buchstaben oder Formen gleichzeitig zugelassen, dann stellt dies für den „Leser" bereits eine große Herausforderung dar.
- **Deutsch:** Man kann diese Übung so einsetzen, dass die Schüler Wortkarten bekommen und einer dem anderen das Wort einer Karte auf den Rücken schreibt und der andere das Wort erkennen muss. Hier sollte man (je nach Altersstufe) zuerst kurze und dann längere Wörter nehmen.
- **Mathematik:** Diese Übung kann auch zum Kopfrechnen eingesetzt werden. Dazu nennt die Lehrperson vor der gesamten Klasse eine Rechenaufgabe. Die Schüler schreiben ihrem Nachbarn die Lösungszahl jeweils auf den Rücken. Der Partner muss dann sagen, was ihm auf den Rücken geschrieben worden ist und ob dies die richtige Lösung ist. Erheblich anspruchsvoller wird es, wenn die Schüler sich einfache Aufgaben wechselseitig auf den Rücken schreiben, die sie selbst entwickelt haben. Die Mitschüler müssen dann die Aufgabe wiederholen und die richtige Antwort nennen.
- **Fremdsprachen:** Mit dieser Methode kann man das Abfragen von Vokabeln lebendig gestalten. Die Schüler haben eine Liste mit den Vokabeln vorliegen und einer schreibt dem anderen eine Vokabel auf den Rücken. Der Partner muss erkennen, was ihm auf den Rücken geschrieben worden ist, und dann sagen, was es bedeutet. Nach 3 Vokabeln wechseln dann die Rollen. Auch hier wird das nur bei ganz einfachen, kurzen Vokabeln gehen.

4.1.14 Tennisball weitergeben

Gruppen:	Ganze Klasse in 3er- und 4er-Gruppen
Zeit:	etwa 5 Minuten
Material:	pro Tisch ein Tennisball
Raum:	Klassenraum mit Gruppentischen
Alter:	Primar- bis Sekundarstufe II

Bei dieser nicht ganz einfachen Übung zur Auflockerung geben die Schüler innerhalb der Gruppe einen kugelförmigen Gegenstand im Uhrzeigersinn weiter, ohne dazu die Hände zu benutzen.

So geht es

Jeder Gruppentisch bekommt einen Tennisball. Die Schüler stellen sich hin. Dann nimmt an jedem Tisch ein Schüler den Tennisball und klemmt ihn zwischen Kinn und Hals fest. Nun versucht die erste Person der nächsten Person am Gruppentisch den Tennisball weiterzugeben. Allerdings dürfen dabei nicht die Hände eingesetzt werden. Der Tennisball wird jeweils von „Hals" zu „Hals" weitergegeben. Fällt der Tennisball herunter, muss die Gruppe von vorne beginnen.

Ziel ist es, den Tennisball nicht fallen zu lassen und zu sehen, welches Team am längsten den Ball im Uhrzeigersinn von Gruppenmitglied zu Gruppenmitglied reichen kann.

4.1.15 Bunte Mischung

Gruppe: Ganze Klasse in 3er- und 4er Tischgruppen
Zeit: 5 bis 10 Minuten
Material: --
Raum: Klassenraum mit Gruppentischen
Alter: Primar- und Sekundarstufe

So geht es

Die Schülerinnen und Schüler sitzen an ihren Gruppentischen, die Plätze sind mit farbigen Klebepunkten markiert. Das Spiel beginnt, indem die Lehrperson eine Farbe aufruft. Bei diesem Aufruf müssen alle mit der entsprechenden Farbe aufstehen und sich einen neuen Stuhl suchen. Wenn jeder einen leeren Stuhl gefunden und sich gesetzt hat, ruft die Lehrperson zwei verschiedene Farben auf (z. B. gelb und blau). Ruft die Spielleitung „Farbpalette!“ tauschen alle Spieler/-innen den Platz. Das sollte mehrmals passieren, so dass die Schüler an den Gruppentischen ganz neu gemischt sind und mit vielen Mitschülern in Kontakt gekommen sind. Niemand darf sich auf einen Platz setzen, auf dem er oder sie vor oder während der Übung bereits einmal gesessen hat. Man darf sich nur auf einen Platz setzen, auf dem zuvor schon ein Schüler gesessen hat. Die Plätze, die in der Klasse frei sind, dürfen nicht besetzt werden.

Tipps und Hinweise

- Kein Schüler darf auf seinem Platz sitzen bleiben, wenn seine Farbe aufgerufen wird.
- Wenn die Lehrperson eine Zeitvorgabe für den Platzwechsel macht, bekommt die Übung mehr Schwung. Bei sehr engen Klassenräumen ist jedoch Vorsicht geboten. Die Schultaschen dürfen auf keinen Fall im Weg liegen.
- Wenn die Lehrperson mitspielt, fehlt im Klassenraum ein Stuhl. Der Schüler, der nach dem Platzwechsel übrig bleibt, darf die nächste Farbe ausrufen.
- Diese energetisierende Übung kann mit anderen Übungen, zum Beispiel der Begrüßungsübung (siehe S. 58), kombiniert werden.
- Wenn in der Klasse keine farbige Markierung auf den Tischen vorhanden ist, kann die Lehrperson die Schüler an jedem Tisch von 1 bis 4 nummerieren. Dazu steht die Lehrperson vor der Klasse. Der jeweils links am Gruppentisch sitzende Schüler bekommt die Nummer 1. Die anderen Nummern werden am Gruppentisch im Uhrzeigersinn vergeben. Auf diese Weise hat jeder Schüler am Gruppentisch eine Nummer von 1 bis 4. Statt Farben zu nennen, gibt die Lehrperson jetzt unterschiedliche Zahlen zwischen 1 und 4 vor.

4.1.16 Dreifüßiges Monster

Gruppen:	Tischgruppen
Zeit:	etwa 10 Minuten
Material:	--
Raum:	Klassenraum, in dem die Tische zur Seite gerückt sind, oder größerer leerer Raum / Halle / Schulhof
Alter:	Primar- bis Sekundarstufe II

So geht es

1. Die Schüler stellen sich hin, die Mitglieder der Tischgruppen jeweils beisammen. Dazu wird eine freie Fläche benötigt.
2. Die Lehrperson erläutert die Anforderung: Jede Gruppe hat die Aufgabe, mit ihren Körpern gemeinsam ein Monster zu bilden. Das Monster darf aber nur mit drei Füßen und vier Händen den Boden berühren. Alle Mitglieder der Kleingruppe sollen Kontakt zueinander haben. Das Monster muss in der Lage sein, mindestens zwei Meter zurückzulegen, ohne auseinanderzubrechen.
3. Jedes Gruppenmitglied überlegt sich zunächst, wie die Gruppe das Monster bilden könnte. Die Mitglieder stellen ihre Ideen in der Gruppe vor und überlegen dann gemeinsam, wie sie vorgehen wollen. Sie haben 10 Minuten Zeit, das Monster zu planen, zu bilden und zu erproben. Dazu verteilen sich die Gruppen im Raum. Jede Kleingruppe führt das Monster vor der Klasse vor und legt auch die geforderten zwei Meter zurück. Die anderen applaudieren.

Varianten

- Der Schwierigkeitsgrad der Übung kann erhöht werden, indem man die Vorgabe für die Anzahl der Hände, die den Boden berühren dürfen, verändert. Das ist auch notwendig, wenn es Gruppen gibt, die aus drei Schülerinnen und Schülern bestehen.
- Wenn man aus der Übung einen kleinen Wettbewerb machen möchte, dann kann sich nach der Präsentation auch die Aufgabe anschließen, möglichst weit mit dem Monster zu gehen, ohne dass es auseinander fällt. Das Monster, das am weitesten gehen kann, hat gewonnen.

4.2 Energie in der Klasse tanken

Wenn es darum geht, Energie zu tanken, kann man auch Übungen mit der ganzen Klasse anstatt mit Gruppen durchführen. Hierfür müssen mitunter die Tische im Klassenraum zur Seite gerückt werden oder man geht mit der Klasse in einen leeren Raum, eine Halle oder auf den Schulhof.

4.2.1 60 Sekunden Bewegung

Gruppe:	Ganze Klasse
Zeit:	5 Minuten
Material:	Stoppuhr
Raum:	Klassenraum
Alter:	Primarstufe

So geht es

1. Geben Sie folgende Anweisungen:
   - Stampft 15 Sekunden lang so schnell ihr könnt mit den Füßen auf und zählt mit.
   - Zwinkert 15 Sekunden lang mit den Augen und zählt mit.
   - Schnippt 15 Sekunden lang mit den Fingern und zählt mit.
   - Klatscht 15 Sekunden lang mit den Händen und zählt mit.
2. Lassen Sie die Schüler die Werte zusammenzählen und ihre Werte vergleichen.

Vgl. Craigen / Ward 1996, S. 56.

4.2.2 Die Schülerinnen und Schüler durch „Ball-Ketten" beleben

Gruppe: Klasse in zwei Gruppen (10 bis 15 TN) geteilt

Zeit: 10 Minuten

Material: 4 Bälle

Raum: Genug Platz, damit die beiden Gruppen sich im Kreis aufstellen können

Alter: Sekundarstufe I

So geht es

1. Es werden zwei Gruppen gebildet. Sie stellen sich jeweils im Kreis auf.
2. Jede Gruppe erhält zwei unterschiedliche Bälle.
3. TN 1 wirft den Ball zu einem anderen (TN 2). Dieser wirft den Ball zurück an TN 1. Dann wirft TN 1 den Ball wieder an TN 2, dieser weiter an TN 3. Letzterer wirft den Ball zurück an 2, der zurück an 1. TN 1 wirft wieder an 2, dann an 3 und dann an 4 usw. Die Wurfkette wird also immer länger und geht immer hin und her.
4. Dann wird der zweite Ball ins Spiel gebracht, so dass im Kreis zwei verschiedene Bälle hin und her geworfen werden. Das fordert eine hohe Konzentration aller Teilnehmer, ist aber mit Bewegung verbunden und lockert die TN auf.

4.2.3 Blindenführer

Gruppen: Ganze Klasse in Paaren

Zeit: etwa 10 Minuten

Material: ggf. Augenbinden

Raum: Klassenraum, in dem die Tische zur Seite gerückt sind, oder größerer leerer Raum / Halle

Alter: Primar- bis Sekundarstufe II

Zur Auflockerung führen die Schülerinnen und Schüler jeweils einen Partner, der die Augen geschlossen hat, durch den Klassenraum. Allerdings muss ganz genau darauf geachtet werden, dass der Geführte weder Tische oder Stühle noch andere Mitschüler berührt.

So geht es

1. Die Schülerinnen und Schüler werden durch ein Verfahren per Zufall zu Paaren geordnet (vgl. die Verfahren im 2. Kap.).
2. Die Lehrperson gibt vor, wer die Augen schließt und wer den anderen führt: „Wer von euch beiden als erster Geburtstag hat, der führt den anderen, der die Augen schließt."
3. Derjenige mit den geschlossenen Augen gibt dem Partner seine rechte oder linke Hand. Nun führt der Schüler den „blinden" Partner durch den Klassenraum. Er muss aufpassen, dass er nirgendwo anstößt und nichts berührt. Dabei darf aber nicht gesprochen werden. Alle Signale müssen allein über die Hände erfolgen, die sie aber nicht lösen dürfen.
4. Anschließend wechseln die Rollen.

Hinweise

Sinnvoll ist es, zuvor einen kleinen Probelauf zu erlauben, bei dem gesprochen werden darf. Dabei können die Paare sich Signale überlegen, die sie mit der gefassten Hand wechselseitig vermitteln können.

Varianten

Man kann diese Übung auch als „Roboter-Steuern" durchführen. Dazu werden zwei Schüler einander zugeordnet, einer von beiden schließt die Augen und wird von dem anderen geführt. Der Schüler mit den geschlossenen Augen ist der Roboter, er geht voran. Der andere geht hinter ihm her und steuert ihn. Dazu drückt er bestimmte Knöpfe:

- Auf den Kopf tippen: Start und Stopp
- Auf die rechte Schulter tippen: nach rechts gehen
- Auf die linke Schulter tippen: nach links gehen
- Die Hände auf beide Schultern legen: rückwärtsgehen. Wenn die Hände von den Schultern genommen werden, dann wieder vorwärtsgehen.

4.2.4 Geräuscheschlange

Gruppen: Ganze Klasse

Zeit: etwa 10 Minuten

Material: --

Raum: Klassenraum, in dem die Tische zur Seite gerückt sind, oder größerer leerer Raum / Halle / Schulhof

Alter: Primar- bis Sekundarstufe II

Zur Auflockerung werden verschiedene akustische Signale im Kreis reihum weitergegeben.

So geht es

Vorbereitung

Alle Schülerinnen und Schüler stellen sich im Kreis auf. Die Lehrperson steht ebenfalls mit im Kreis.

Durchführung

Die Lehrperson wendet sich zu ihrem Nachbarn im Uhrzeigersinn und gibt ein akustisches Signal, sie schnippt zum Beispiel mit den Fingern. Der Schüler neben ihr dreht sich dann zum nächsten Kreisnachbarn und imitiert das Signal. So wird das Signal dann von Schüler zu Schüler weitergegeben. Alle müssen mit dem Signal solange weitermachen, bis sie ein neues Signal erreicht. So wandert das Signal langsam von Schüler zu Schüler durch den Kreis und alle Schülerinnen und Schüler geraten und bleiben in Bewegung. Ist das Signal wieder bei der Lehrperson angekommen, sendet sie ein zweites Signal, diesmal in die andere Richtung.

Weitere Signale können sein:

- Handflächen aneinander reiben
- Langsames Klatschen der Hände
- Mit den Händen auf die Oberschenkel klopfen
- Kräftiges Trampeln mit den Füßen.

Tipps und Hinweise

Wenn es in der Klasse feste Gruppentische gibt, dann kann das Geräusch von Gruppentisch zu Gruppentisch weitergeleitet werden. Allerdings macht die Übung mehr Spaß, wenn sich alle Schüler sehen können.

Varianten

- Lebendiger wird es noch, wenn nicht nur ein Signal weitergegeben wird, sondern wenn mehrere Signale unterwegs sind. Dazu wartet die Lehrperson, bis ihr erstes Signal etwa beim 5. Schüler angekommen ist und schickt dann ein weiteres Signal in dieselbe Richtung los. Je mehr Signale gleichzeitig unterwegs sind, desto höher ist die Aktivierung und Energetisierung sowie der Spaß der Schülerinnen und Schüler. Außerdem erfordert es eine hohe Konzentration, wenn man in kurzen Abständen auf verschiedene Signale reagieren muss.
- Eine noch höhere Konzentration erfordert die Übung, wenn die Lehrperson die Signale – ebenfalls im Abstand von etwa 5 Schülern – in unterschiedliche Richtungen weitergibt und so dann vielleicht drei Signale im Uhrzeigersinn und drei gegen den Uhrzeigersinn weitergegeben werden.

4.2.5 Freeze

Gruppe	Ganze Klasse
Zeit	Etwa 30 Minuten
Raum	Klassenraum, in dem die Tische zur Seite gerückt sind, oder größerer leerer Raum / Halle
Alter	Primarstufe bis Sekundarstufe I

Die Schülerinnen und Schüler bewegen sich in dieser schwungvollen Übung im Raum, bilden wechselnde Gruppen und kommen miteinander in kurze Gespräche.

So geht es

Vorbereitung

Im Klassenraum die Tische und Stühle zur Seite rücken oder eine freie Fläche aussuchen. Die Lehrperson erklärt das Vorgehen.

Durchführung

1. Die Lehrperson fordert die Schüler auf, durcheinander durch den Raum zu laufen.
2. Die Lehrperson ruft: „Freeze!". Daraufhin stoppen alle genau da, wo sie gerade sind, und bewegen sich nicht mehr.
3. Dann sagt die Lehrperson: „Jeder überlegt für sich: Wie viele Buchstaben hat das Wort Italien?"
4. Nach einer Denkzeit sagt die Lehrperson: „Tauscht euch mit dem Schüler aus, der euch am nächsten steht."
5. Nun fordert sie die Schüler auf: „Zeigt mit euren Fingern die richtige Zahl an."
6. Diese Zahl bestimmt die Anzahl der Personen, die sich nun zu einer Gruppe zusammenfinden müssen. Bei dem Beispiel Italien versucht nach dem Signal der Lehrperson jeder Schüler so schnell wie möglich mit den bei ihm Stehenden eine Gruppe aus 7 Personen zu bilden.

   Hinweis: Die Gruppen können in diesem Fall auch aus mehr als 4 Personen bestehen, da mit ihnen nicht im sich anschießenden Unterricht gearbeitet wird.
7. Wer keine Gruppe mehr findet, muss am Ende in das sogenannte Fundbüro. Dort bildet sich eine neue Gruppe aus den Schülern, die keine vollständige Gruppe mehr bilden können.
8. Daran kann sich der Unterricht zu dem Thema anschließen oder die Übung wird mit anderen Aufgaben und Fragen wiederholt.

Varianten

- Die Lehrperson kann auch fragen: „In welcher Richtung liegt Italien von hier aus: 1. Im Norden, 2. im Osten, 3. im Süden oder 4. im Westen?" Da in diesem Fall die Antwort „3. im Süden" richtig ist, finden sich dann 3 Schüler zusammen.
- Man kann die Mitglieder der Fundbüro-Gruppe dadurch stärken, dass man ihnen die nächste Frage zum Vorlesen gibt.
- Wenn mit den Gruppen im Fachunterricht weitergearbeitet werden soll, dann dürfen sie aus nicht mehr als vier Personen bestehen. Der letzte Begriff im Spiel muss daher aus vier Buchstaben bestehen.

Umsetzung im Fachunterricht

- **Deutsch:** Die Aufgabe, die Buchstaben zu zählen, ist natürlich vor allem für jüngere Schülerinnen und Schüler herausfordernd. Für ältere Schüler kann man auch schwierigere längere Wörter nehmen. Wenn man im Rahmen des Rechtschreibunterrichts das Unterscheiden von Silben übt, kann man auch fragen: „Wie viel Silben hat das Wort ...?" Im Grammatikunterricht kann man einen längeren Satz vorlesen und dann fragen, wie viel Adjektive (oder Artikel, Substantive etc.) der Satz enthält.
- **Fremdsprachenunterricht:** Je nach Fach könnte man ein englisches, französisches oder spanisches Wort nehmen, dann ist es sicher für manche Schülerinnen oder Schüler schwerer, die Buchstaben zu zählen.
- **Mathematik:** Man kann Aufgaben nehmen, bei denen es für die Schüler eine Herausforderung ist, sie im Kopf zu rechnen, z. B. 6 + 3 – 2 x 3. Je nach Altersstufe können die Aufgaben leichter oder schwerer sein.

4.2.6 Gemeinsamkeiten suchen

Gruppe	Ganze Klasse
Zeit	Etwa 20 Minuten
Raum	Klassenraum, in dem die Tische zur Seite gerückt sind, oder größerer leerer Raum / Halle
Alter	Primarstufe bis Sekundarstufe II

Bei dieser Übung können sich die Schülerinnen und Schüler bewegen und so Energie gewinnen sowie sich gleichzeitig besser kennen lernen.

So geht es

Diese Übung wird mit der ganzen Klasse durchgeführt. Die Schülerinnen und Schüler bilden aufgrund eines gemeinsamen Merkmals Gruppen, sprechen dann über dieses gemeinsame Merkmal und lösen sich anschließend wieder auf und bilden neue Gruppen.

Durchführung

1. Die Lehrperson bittet die Schüler, aufzustehen und durcheinander durch die Klasse zu laufen.
2. Die Lehrperson ruft: „Stopp!“. Daraufhin bleiben alle da stehen, wo sie gerade sind, und bewegen sich nicht mehr.
3. Dann sagt die Lehrperson: „Sucht Mitschüler, die dasselbe Lieblingsbuch haben, und bildet eine Gruppe. Die Gruppen dürfen max. aus 4 Personen bestehen.“
4. Die Schüler gehen nun herum, sprechen über ihre Lieblingsbücher und finden sich zu Gruppen zusammen.
5. Die Lehrperson fordert die Gruppen nun auf, über ihre Gemeinsamkeiten zu sprechen. „Was mögt ihr daran besonders? Seit wann kennt ihr das Buch? Wie seid ihr darauf gekommen, es zu lesen? Gibt es etwas, was ihr daran nicht mögt?
6. Nun sagt jede Gruppe im Plenum, was ihr gemeinsames Lieblingsbuch ist.
7. Danach nennt der Lehrer ein anderes gemeinsames Merkmal, nach dem die Gruppen sich finden sollen.

Mögliche weitere Merkmale, die die Lehrperson nennen kann, sind z. B.:

- Lieblingsferienziel
- Lieblingsfach
- Lieblingsessen
- Lieblingsmusikgruppe
- Lieblingstier (-pflanze, -baum)
- Lieblingsjahreszeit
- …

5. Der Ort der Übungen in der Unterrichtsdramaturgie des Kooperativen Lernens

Wie wir bereits erläutert haben (vgl. S. 50 f.), sehen wir die Methoden zur Gruppen- und Teambildung nicht als Selbstzweck an, der den Fachunterricht ersetzt. Durch die Übungen sollen die Gruppenmitglieder einander näher gebracht und ihre sozialen Kompetenzen trainiert werden, so dass sie dann erfolgreicher lernen können. Im Rahmen der Unterrichtsdramaturgie des Kooperativen Lernens stehen diese Übungen daher in der Regel am Anfang. Das bedeutet nicht, dass sie jedem neuen Lernprozess vorgeschaltet werden müssen. Wenn Sie neue Gruppen gebildet haben und die Schüler und Schülerinnen die Möglichkeit hatten, Arbeitsbeziehungen zu bilden, dann können Sie vielleicht sogar eine gesamte Unterrichtseinheit durchführen, ohne weitere dieser Übungen anzuleiten. Wenn die Kooperation aber nicht so recht klappt, dann können Sie zwischendurch eine teambildende Übung einfügen. Und wenn Sie merken, dass die Schülerinnen und Schüler sich nicht mehr so recht konzentrieren können, weil der Unterricht vielleicht in der 6. Stunde stattfindet, dann können Sie einfach eine energetisierende Übung durchführen.

In der folgenden Grafik wird die Unterrichtsdramaturgie des Kooperativen Lernens dargestellt (S. 162). Es wird deutlich, dass die Gruppenbildung und das Schaffen eines Teamgeistes in der Regel am Anfang des Lernprozesses stehn. Wenn die Gruppen gebildet worden und die Gruppenmitglieder in der Lage sind, miteinander zu arbeiten, kann der Arbeitsprozess mit der Phase der Einzelarbeit beginnen.

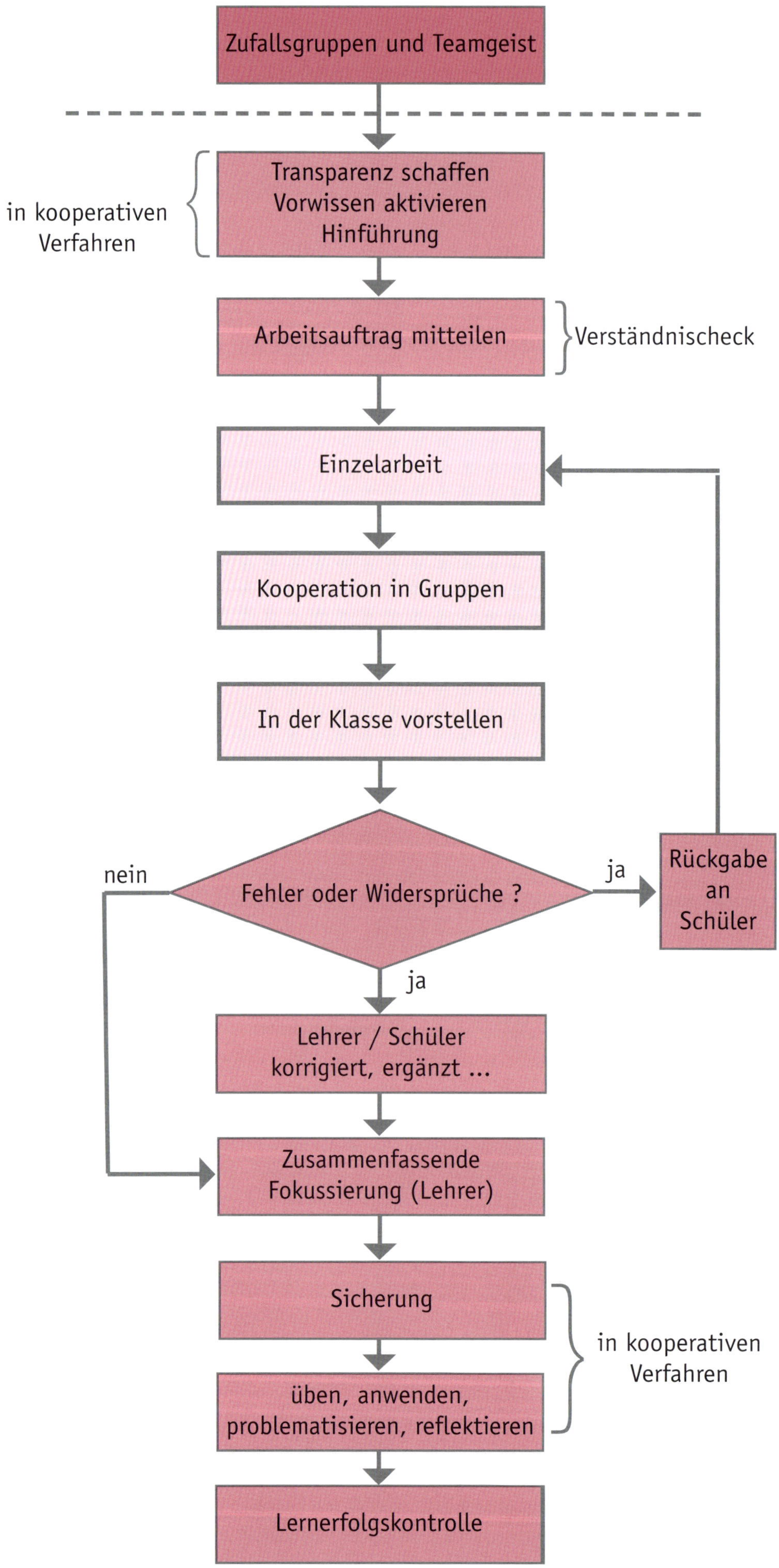
Zufallsgruppen und Teamgeist
in kooperativen Verfahren
Transparenz schaffen
Vorwissen aktivieren
Hinführung
Arbeitsauftrag mitteilen
Verständnischeck
Einzelarbeit
Kooperation in Gruppen
In der Klasse vorstellen
Fehler oder Widersprüche ?
nein
ja
Rückgabe an Schüler
ja
Lehrer / Schüler korrigiert, ergänzt ...
Zusammenfassende Fokussierung (Lehrer)
Sicherung
üben, anwenden, problematisieren, reflektieren
in kooperativen Verfahren
Lernerfolgskontrolle

Im Folgenden werden nun die weiteren Phasen dieser Unterrichtsdramaturgie erläutert. Der Unterricht ist so angelegt, dass möglichst alle Schülerinnen und Schüler gleichzeitig mental aktiviert werden und jedem Einzelnen die individuelle und aktive Aneignung des Unterrichtsgegenstandes ermöglicht wird.

Kern des hier vorgestellten schüleraktivierenden Unterrichts ist der Dreischritt „Denken – Austauschen – Vorstellen“ (vgl. Abb. 2). In der Regel wird er in einer Stunde mehrfach zur Anwendung kommen: Jedes Mal, wenn sich jeder Einzelne in der Schulklasse einer neuen Aufgabe zuwendet, sie kognitiv erfasst und bearbeitet, kommt der Dreischritt zur Anwendung. Dabei ist er eingebettet in eine umfassende Dramaturgie des Unterrichts, die aus verschiedenen Elementen besteht:

Das Vorwissen aktivieren

Im wirksamen Unterricht erhalten die Lernenden immer wieder Gelegenheiten, die neuen Inhalte mit ihrem vorhandenen Wissen, mit ihren Erfahrungen oder auch Gefühlen zu verbinden. Wenn die mentalen Netze, die die Schülerinnen und Schüler zu dem Lernbereich schon entwickelt haben, nicht aktiviert werden, dann können sie die neuen Inhalte nicht geistig verarbeiten, integrieren und behalten. Zu Beginn eines Lernprozesses müssen daher die vorhandenen Wissensbestände der Lernenden in ihr Bewusstsein gerufen werden.

Ein einfacher Arbeitsauftrag lautet zum Beispiel: „Jeder denkt für sich darüber nach, was er aus der Reihe zur Multiplikation und Division von Brüchen behalten hat. Jeder schreibt seine Erinnerungen bitte möglichst genau auf. Tauscht euch bitte nach fünf Minuten mit dem Partner aus...“ So – und natürlich weitaus differenzierter – können Sie das Vorwissen mit Hilfe des Dreischritts wieder in das Bewusstsein der Lernenden bringen.

Jeder denkt zunächst allein

Lernen ist zunächst eine individuelle Angelegenheit. Denn der Lernprozess findet letztlich im Kopf jedes Einzelnen statt. Daher sollte kein Unterricht auf diese Phase der Einzelarbeit verzichten. In ihr werden die Lernenden aufgefordert, die neuen Informationen zu verarbeiten. Konstruktivistisch betrachtet, entwickeln die Schülerinnen und Schüler in dieser Phase ihre eigenen mentalen Netze weiter oder suchen in ihren vorhandenen Wissensstrukturen nach Lösungen. Dazu müssen sie sich vielleicht an Verfahren oder Begriffe des vorhergehenden Unterrichts erinnern und sie auf einen neuen Zusammenhang anwenden. Oder sie erarbeiten in dieser Phase vielleicht deklaratives Wissen, das sie einem Text, einem Schaubild oder einer Statistik entnehmen. In jedem Fall sollten alle Schülerinnen und Schüler dies zunächst allein tun. So ist gewährleistet, dass sie sich der Problemstellung zuwenden – selbst dann, wenn es augenscheinlich großer Anstrengungen bedarf.

Methodisch hilfreich ist – soweit es möglich ist –, die Schülerinnen und Schüler anzuhalten, ihre Gedanken in dieser Phase schriftlich zu skizzieren. Das hat mehrere Gründe: Zunächst zwingt es zu einer gewissen gedanklichen Strenge und verhindert das Abschweifen. Dann dient es der Rechenschaftslegung, da die Lehrperson sich bereits in dieser Phase dem Einzelnen zuwenden kann, z. B. indem sie um Erläuterung der Gedanken mithilfe der Notizen bittet. Es wird aber auch sichtbar, wenn Einzelne nicht mitarbeiten oder Verstehensschwierigkeiten haben.

Ergebnisse in Kleingruppen austauschen

Beim Kooperativen Lernen folgt nach dem individuellen Arbeiten immer eine Zeit der Kooperation. Denn so arbeiten alle Schülerinnen und Schüler mit ihren Ergebnissen weiter und ziehen sich nicht zurück. Diese Phase der Interaktion ist für das Lernen von zentraler Bedeutung und in vielen Fällen der eigentlich fruchtbare Moment im Lernprozess[1]. Dafür gibt es verschiedene Gründe:

- Die Gedanken, welche die Lernenden in der Kooperation formulieren, werden durch das Suchen nach der sprachlichen Form weiterentwickelt.

[1] vgl. Mandel 2010, S. 21.

- Die Schülerinnen und Schüler werden erneut mental aktiviert. Denn sie müssen die eigenen Ergebnisse durchdenken, um ihre Gedanken klar und verständlich auszudrücken und angemessene Formulierungen zu finden. Für den Einzelnen ist die Kooperation schon allein wegen dieser Notwendigkeit, sein Denken angemessen mitzuteilen, eine erneute Lerngelegenheit.
- Beim Kooperativen Lernen werden die vorgestellten Ergebnisse zum Gesprächsgegenstand in der Kleingruppe. Haben die Schülerinnen und Schüler zum Beispiel an derselben Aufgabe gearbeitet, dann vergleichen sie ihr Verständnis mit dem der anderen und stellen deshalb Rückfragen, ergänzen oder berichtigen ihre Gruppenmitglieder. Alle werden so in einen aktiven Lernprozess eingebunden. Gerade die im Gespräch der Schülerinnen und Schülern entstehenden Widersprüche fordern zur Diskussion heraus, und ihre Auflösung treibt den Lernprozess voran. Die Schülerinnen und Schüler bringen ihre individuellen Wissenskonstruktionen ein und bilden dann ein gemeinsames Modell, eine sogenannte Ko-Konstruktion (vgl. Abb. 2).
- In der Kooperation lernen die Schülerinnen und Schüler vielfach auch am Modell, das die Lernpartner bieten. Jeder, der einen Vorschlag oder ein Ergebnis einbringt, fungiert als mögliches Modell. Da dies mit hoher Wahrscheinlichkeit nahe der „Zone der nächsten Entwicklung“ der Lernenden liegt, können die anderen es leicht in ihr Wissensmodell integrieren.

An dieser Stelle wird auch deutlich, welche Bedeutung die in diesem Buch dargestellten Übungen haben: Sie ermöglichen, erleichtern oder fördern die Kooperation der Lernenden. Das wiederum führt auch zu besseren Lernergebnissen.

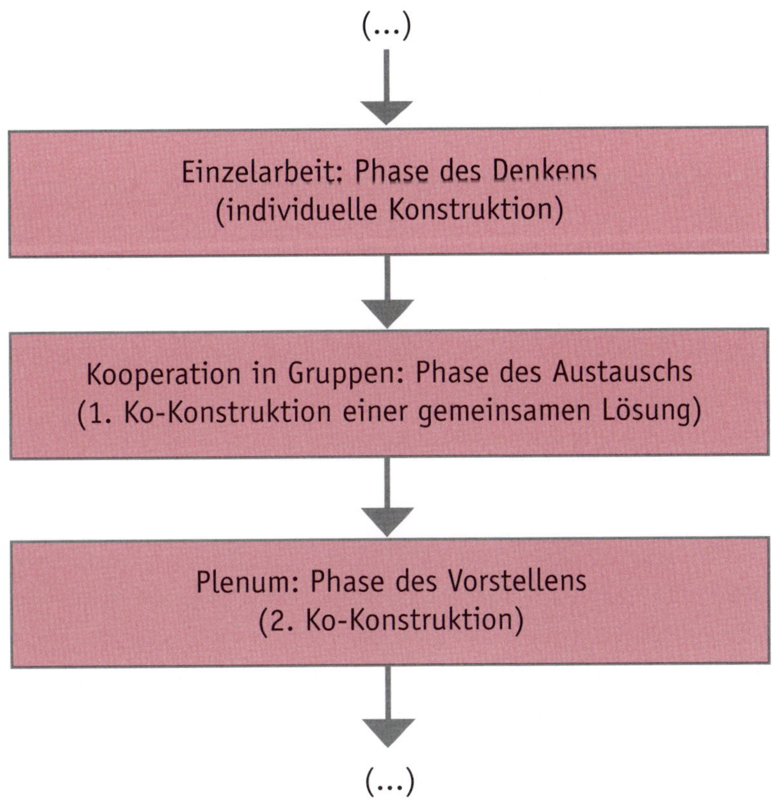

Abb. 2: Grundprinzip des Kooperativen Lernens

Ergebnisse vorstellen, besprechen und vielleicht revidieren

Nach der Kooperationsphase stellen die Schülerinnen und Schüler ihre Ergebnisse in der Klasse vor. Lernpsychologisch geschieht in dieser Phase Ähnliches wie in der Kleingruppe: Die Schülerinnen und Schüler vergleichen ihre Ergebnisse, stoßen dabei auf Übereinstimmungen und sicher auch auf Unterschiede. Beides gilt es in dieser Phase, häufig mit Hilfe der Lehrperson, zu thematisieren. In diesem Prozess der Verarbeitung und Diskussion im Anschluss an die Präsentationen bilden die Schülerinnen und Schüler wieder gemeinsame Wissensmodelle. Daher sprechen wir hier von der zweiten Ko-Konstruktion (vgl. Abb. 2).

Widersprüche und Fehler als Lerngelegenheiten

Aber wie ist damit umzugehen, wenn die Ergebnisse der Lernenden sich in der Präsentation widersprechen? Lernwirksam ist es, wenn die Lernenden den Widerspruch wieder in Einzelarbeit und anschließender Kooperation bearbeiten und selbst versuchen aufzulösen. Diese Lernschleife wird in der Dokumentation der TIMSS-Studie „open-ended-problem-solving" genannt.[2] Solche Lernschleifen müssen nicht langwierig sein. Häufig geht es um einzelne Details in der Präsentationsphase, die aber gerade den Kern des Unterrichts ausmachen: „Liegt hier Futur 1 oder Passiv vor?"; „Haben wir es hier mit einem Klima- oder mit einem Wetterproblem zu tun?"; „Ist hier ‚saw' oder ‚have seen' die richtige Formulierung?" „Jeder denkt noch einmal eine Minute darüber nach. Tauscht euch dann in eurer Gruppe darüber aus ..."

In dieser Lernschleife erkennen die Schülerinnen und Schüler häufig selbst, wo die Fehler oder Mängel der ersten Ergebnisse lagen. Und in diesem Prozess geschieht oft der entscheidende Lernfortschritt. Gleichzeitig werden die Lernenden nicht nur in hohem Maße kognitiv aktiviert, sondern auch dahin geführt, selbstständiger mit Problemen umzugehen.

Ergebnisfokussierung als Lerngelegenheit

Es ist sinnvoll, dass Sie als Lehrperson das Ergebnis am Ende der Stunde zusammenfassen.[3] Denn Sie als Experte für den Unterrichtsgegenstand können so den roten Faden im Lernprozess deutlich machen. Dazu wiederholen Sie aber nicht einzelne Beiträge, sondern stellen das Ergebnis in den Zusammenhang des Unterrichtsprozesses und des Themas. Diese Bündelung und Zusammenfassung hat eine fokussierende Funktion. Für die Lernenden werden die eigenen Konstruktionen noch einmal im Gesamtzusammenhang dargestellt. Bereits aus dem Arbeitsgedächtnis verschwundene Wissensbestandteile werden so erneut ins Bewusstsein gerufen. Dabei stellt sich manchmal für die Schülerinnen und Schüler der Gesamtzusammenhang erst her.

Zur Rolle des Unterrichtenden

Sicherungen, Problematisierungen, Anwendungen, Lernerfolgskontrollen – all diese Bausteine gehören ebenfalls zu einem wirksamen Unterricht. Wer sich dies vor

[2] Vgl. Klieme / Baumert 2001, S. 47.

[3] Vgl. Klieme / Baumert 2001, S. 50; Wellenreuther 2004, S. 397f.

Augen führt, dem wird deutlich, was es bedeutet, wenn wir von einer intelligenten Dramaturgie schüleraktivierenden Unterrichts sprechen. Denn erst ein variabler, den Lernbedingungen angepasster und die Schüler aktivierender Unterricht ist wirklich erfolgreich. Das dazu notwendige Wechselspiel von vielen unterschiedlichen Unterrichtsformen wird in der Regel von der Lehrkraft geplant und gelenkt. Damit kommt der Lehrkraft die zentrale Rolle für das Gelingen der Lernprozesse zu.

In diesem Zusammenhang ist zu betonen, dass es nicht darum geht, dass der Unterrichtende möglichst häufig in den Hintergrund tritt, damit die Schüler alle Inhalte mit entsprechenden Materialien immer selbst erarbeiten. Denn im alltäglichen Unterricht ist jede Lehrperson darauf angewiesen, einzelne Abläufe, Zusammenhänge oder Inhalte der Klasse darzulegen. Aber diese vom Lehrer vorgestellten, neuen Inhalte müssen dann von den Schülern bedacht werden. Sie müssen Gelegenheit bekommen, die Inhalte aus dem Vortrag oder Film zu durchdenken, Verbindungen zu ihrem Vorwissen herzustellen, Unklarheiten zu erkennen oder offene Fragen zu formulieren. Diese kognitiven Prozesse sind für den Lernprozess der Schüler fast immer zwingend notwendig. Daher müssen die Lernenden im Anschluss an frontale Phasen immer aufgefordert werden, die vorgestellten Inhalte in ihre individuellen Wissensnetze zu integrieren. Wenn der Unterrichtende also etwas erklärt, wenn ein Lehrfilm gezeigt, ein Experiment vorgeführt oder ein Audiodokument abgespielt wird, dann schließt sich immer der Dreischritt an (Abb. 3). So wird gewährleistet, dass die Schüler die neuen Informationen in ihre vorhandenen kognitiven Strukturen integrieren.[4]

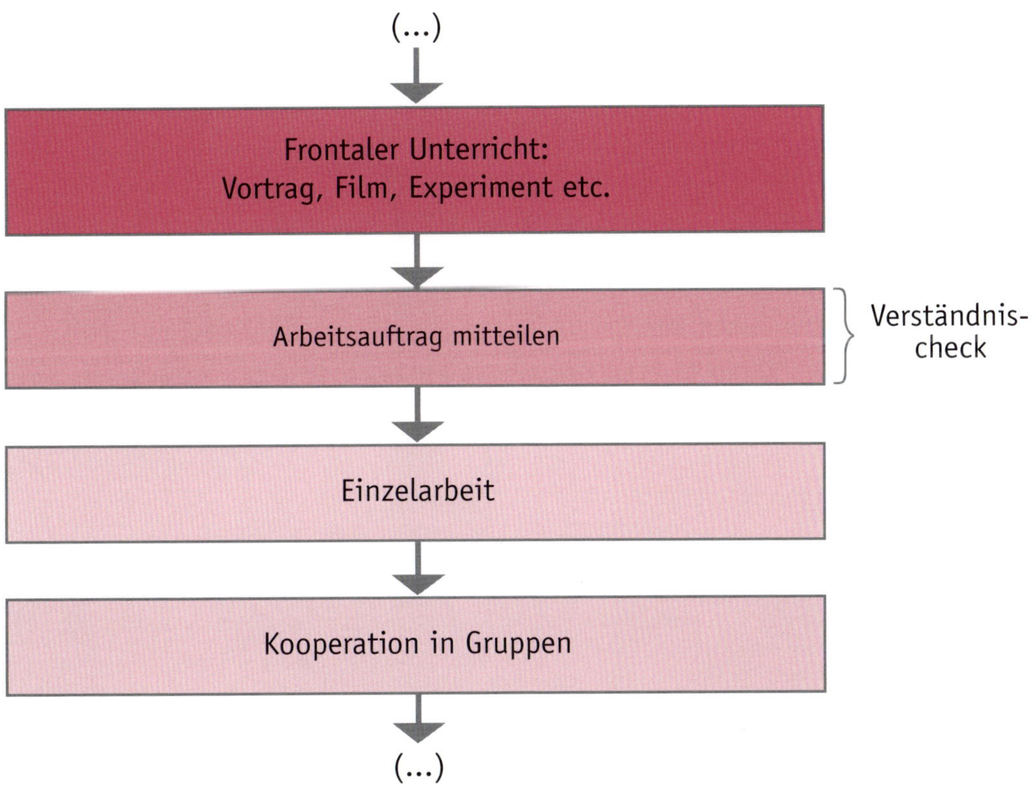

Abb. 3: Integration frontaler Unterrichtsphasen in die Dramaturgie

[4] Vgl. Brüning / Saum 2006, S. 82ff.

Eigene Handlungsmöglichkeiten erweitern

Wer auf der Suche nach einem Unterricht ist, in dem alle Schülerinnen und Schüler gleichzeitig kognitiv aktiviert werden, der findet im Konzept der Schüleraktivierung durch Kooperatives Lernen eine wissenschaftlich bewährte wie praktisch erprobte Dramaturgie von Unterricht.

Die in diesem Buch vorgestellten Übungen sollen Sie dabei unterstützen, in Ihren Klassen und Lerngruppen ein Klima der Kooperation zu schaffen oder weiter auszubauen.

Wir möchten Sie ermutigen, sowohl mit der vorgestellten Unterrichtsdramaturgie als auch mit den einzelnen Übungen in diesem Buch zu experimentieren.

Und wenn Sie mit dem Kooperativen Lernen beginnen, dürfen Sie zuversichtlich sein. Die Umstellung auf eine veränderte Dramaturgie, wie wir sie in diesem Kapitel vorgestellt haben, wird Ihnen nicht schwer fallen. Denn die meisten der hier aufgeführten Phasen leiten Sie ohnehin jeden Tag vielfach an. Sicher passen Sie unsere Vorschläge den Bedingungen und Erfordernissen Ihrer Lerngruppe an. Aber verzichten Sie nicht mehr auf den Dreischritt. Achten Sie bei der Arbeit mit Schulbüchern und Unterrichtshandreichungen immer wieder darauf, ihn konsequent zu berücksichtigen. Wenden Sie sich nach einigen Wochen auch den ausgewiesenen Methoden des Kooperativen Lernens zu. Das Kooperative Lernen wird Sie spürbar entlasten. Und das Unterrichten wird nicht nur erfolgreicher, sondern auch für Lehrende und Lernende entspannter. Wir sind zuversichtlich, dass Sie das sehr bald erfahren werden.

6. Lösungsvorschläge

Lösung zur Übung von S. 28 f.

Wortarten zuordnen

1.	Verben	gehen	spielen	schweben	schauen
2.	Adjektive	gut	positiv	versöhnlich	gelassen
3.	Nomen	Intelligenz	Licht	Wolken	Musik
4.	Adverbien	dort	heute	gern	sehr
5.	Konjunktionen	weil	als	obwohl	nachdem
6.	Präpositionen	in	an	auf	vor
7.	Pronomen*	ich	du	ihr	es
8.	Artikel	der	die	ein	einer
9.	Numerale	zwei	dritte	viel	manche
10.	Interjektion	Ach	oh!	au!	bitte?

* = Personalpronomen

Lösung zur Übung von S. 30

Zitate aus Friedrich Schiller, Don Carlos

Don Karlos:	23, 8, 21, 16
Elisabeth vonValois	13, 24, 5, 18
König Philipp	17, 20, 9, 12
Marquis von Posa	15, 10, 7, 2
Herzog von Alba	19, 22, 3, 14
Prinzessin von Eboli	1, 4, 11, 6

Lösung zur Übung von S. 31

Kontinente und ihre bevölkerungsreichsten Städte

ASIEN

Shanghai	23.019.148	China
Peking	15.796.450	China
Karatschi	13.052.000	Pakistan
Mumbai	11.671.924	Indien

NORD-AMERIKA		
Mexiko-Stadt	19.981.801	Mexiko
New York	8.541.935	Vereinigte Staaten
Los Angeles	3.834.340	Vereinigte Staaten
Chicago	2.836.658	Vereinigte Staaten
EUROPA		
Moskau	11.551.930	Russland
London	7.099.845	Vereinigtes Königreich
Sankt Petersburg	4.868.520	Russland
Berlin	3.457.675	Deutschland
SÜD-AMERIKA		
São Paulo	10.832.496	Brasilien
Lima	7.605.742	Peru
Bogotá	6.319.720	Kolumbien
Rio de Janeiro	6.023.742	Brasilien
AFRIKA		
Lagos	9.349.501	Nigeria
Kinshasa	8.120.976	Demokratische Republik Kongo
Kairo	7.416.083	Ägypten
Alexandria	3.811.516	Ägypten
AUSTRALIEN		
Sydney	3.774.894	Australien
Melbourne	3.384.671	Australien
Brisbane	1.683.999	Australien
Perth	1.234.364	Australien

Quelle: http://de.wikipedia.org/wiki/Liste_der_Millionenstädte (Download vom 10.02.2012)

Lösung zur Übung von S. 106

Anagramme – Ein Spiel für Wortakrobaten

Einbrecher	bereichern
Ratgeber	Biergarten
Betriebsrat	bestreitbar
Bundestag	Angstbude
Eifersucht	Schufterei
Fehler	Helfer
Frauen	Anrufe, raufen
Testfragen	Gartenfest
Turnschuh	Hutschnur
Gestern	Strenge
Internet	renitent
Kegelrunde	Edelgurken, Regelkunde
Plenum	Lumpen
Natur	Unrat, Unart, raunt

Sport	Prost
Stockrose	Rostsocke
Altenheim	Teilnahme
Nebel	Leben
Kostenrahmen	Thermoskanne
Gebraten	Bretagne
Ostern	rosten, Sorten
Garnele	General
Lampe	Palme, Ampel

Lösung zur Übung von S. 117

Informationen zur Lösung: Nahrungsmittel umgerechnet in die entsprechende Menge Würfelzucker (à 3g)

Rangplatz	Lebensmittel (100 g bzw. 100 ml)	3 g-Zuckerstückchen pro 100 g bzw. 100 ml	100 g bzw. 100 ml entsprechen etwa den folgenden Verkaufseinheiten
1.	Bonbons	32	etwa 16 Bonbons
2.	Kaugummi	26	etwa 3 Packungen
3.	Gummibärchen	25	eine kleine Tüte
4.	Balisto Müsli-Riegel	20	etwa 2 ½ Riegel
5.	Nuss-Nougat-Creme / Nutella	20	1 Glas = 400 g
6.	Vollmilchschokolade	19	eine Tafel
7.	Duplo	17	etwa 5 Riegel.
8.	Kinder-Milchschnitte	11	etwa 3 ½ Schnitten
9.	Eiscreme (Fruchteis)	7	eine Portion
10.	Cola / Limonade / Eistee	4	½ kleines Glas

Quelle: Praxis integrierter Naturwissenschaftlicher Grundbildung, (Hrsg.) Wir ernähren uns gesund, Themenmappe für Jahrgang 7/8. Kiel 2002, S. 5.20A. Eigene Umrechung auf 100 Gramm bzw. Milliliter.

Lösung zur Übung von S. 121

Dreiständebild: Christus (über dem Regenbogen) weist den drei Ständen ihre Aufgaben zu. Dem Klerus sagt er: *Tu suplex ora* („du bete demütig!"), dem Kaiser mit Fürsten: *Tu protege* („du beschütze!") und en Bauern sagt er: *Tuque labora* („und du arbeite!").
Holzschnitt aus dem Jahr 1488.

Lösung zur Übung von S. 123

Expressionistischer Holzschnitt von Otto Pankok

7. Verzeichnis der Kopiervorlagen

Stichwortregister (Index)

8.

9. Literaturhinweise

Bennett, Barrie / Rolheiser, Carol / Stevahn, Laurie: Cooperative Learning. Where Heart Meets Mind. Toronto, Ontario [Educational Connections] 1991.

Brüning, Ludger / Saum, Tobias: Erfolgreich unterrichten durch Kooperatives Lernen (Bd. 1: Strategien zur Schüleraktivierung). Essen 2006.

Dies.: Erfolgreich unterrichten durch Kooperatives Lernen (Bd. 2: Neue Strategien zur Schüleraktivierung, Individualisierung, Leistungsbeurteilung, Schulentwicklung). Essen 2009.

Craigen, Jim / Ward, Chris: What`s This Got To Do With Anything. Collection of Group / Class Builders and Energizers. O.O. Canada [VISUTronx] 1996.

Götz, Thomas / Lohrmann, Katrin / Ganser, Bernd / Haag, Ludwig.: Einsatz von Unterrichtsmethoden – Konstanz oder Wandel? Empirische Pädagogik, 19 (4) 2005, S. 342-360.

Gudjons, Herbert: Spielbuch Interaktionserziehung. 185 Spiele und Übungen zum Gruppentraining in Schule, Jugendarbeit und Erwachsenenbildung. 7. Aufl., Bad Heilbrunn 2003.

Ders.: Ernste Spiele. Über die Möglichkeiten und Grenzen von Interaktionsspielen. In: Pädagogik, H. 1, 1998, S. 6ff.

Johnson, David W. / Johnson, Roger T.: Cooperative Learning: Warm-Ups, Grouping Strategies and Group Activities. Edina / SA [Interaction Book Company] 1990.

Jürgens, Eiko / Standop, Jutta (Hg.): Was ist „guter Unterricht"? Namhafte Expertinnen und Experten geben Antwort. Bad Heilbrunn 2011.

Kagan, Spencer: Cooperative Learning. San Clemente [Kagan Cooperative Learning] 1994.

Kagan, Miguel / Kagan, Spencer: Classbuilding. Cooperative Learning Structures. San Clemente [Kagan Publishing] 2012a.

Dies.: Teambuilding. Cooperative Learning Structures. San Clemente [Kagan Publishing] 2012b.

Klieme, Eckhard / Baumert, Jürgen u. a.: TIMMS – Impulse für Schule und Unterricht. Forschungsbefunde, Reforminitiativen, Praxisberichte und Video-Dokumentation. Bonn 2001.

Mandel, Heinz: Lernumgebungen problemorientiert gestalten – Zur Entwicklung einer neuen Lernkultur. In: Jürgens, Eiko / Standop, Jutta (Hg.). S. 19-38.

Praxis integrierter Naturwissenschaftlicher Grundbildung (Hg.): Wir ernähren uns gesund. Themenmappe für Jahrgang 7/8. Kiel 2002.

Praxis Schule, Heft 6, 2002 (Westermann-Verlag)

Rabenstein, Reinold / Reichel, René / Thanhoffer, Michael: Das Methoden-Set (Bd 3: Gruppen erleben). Münster 2004.

Scheller, Ingo: Szenische Interpretation: Theorie und Praxis eines handlungs- und erfahrungsbezogenen Literaturunterrichts in Sekundarstufe I und II. Seelze 2004.

Wellenreuther, Martin: Lehren und Lernen – aber wie? Empirisch-experimentelle Forschungen zum Lehren und Lernen im Unterricht (Grundlagen der Schulpädagogik, Bd. 50). Baltmannsweiler 2004

Liebe Leser,

liebe Kolleginnen und Kollegen,

an diesem Buch haben viele Menschen mitgearbeitet. Katharina Pacyna macht mit ihren wunderbaren Illustrationen die Zusammenhänge anschaulich und das Lesen zu einem Vergnügen. Bernd Speckin hat mit viel Liebe zum Detail aus dem Manuskript ein grafisch gelungenes Buch gestaltet. Gerhild Werner hat als Lektorin die Entstehung mit ihrem genauen Blick begleitet. Und der nds-Verlag hat erneut die Umsetzung unserer Buchidee durch viele Gestaltungsfreiräume ermöglicht.

Der leider viel zu früh verstorbene kanadische Trainer Norm Green hat – gemeinsam mit seiner Frau Kathy – in seinen Lehrerfortbildungen immer wieder auf die Bedeutung einer positiven Atmosphäre im Unterricht hingewiesen. Einige der hier vorgestellten Übungen haben wir in seinen Fortbildungen kennengelernt und seine Gedanken haben uns bei unseren Überlegungen zur Unterrichtsentwicklung begleitet.

Dieses Buch wäre sicher nicht ohne die vielen Teilnehmer an unseren Fortbildungen entstanden. Sie haben uns häufig gefragt, ob es nicht eine Sammlung der hier vorgelegten Übungen und Aktivitäten gibt. Gleichzeitig sind ihre Rückmeldungen und Erfahrungen in die Darstellung eingeflossen.

Ihnen allen möchten wir für ihren Beitrag herzlich danken!

Wir hoffen, dass Sie mit den in diesem Buch vorgestellten Ideen und Vorschlägen Ihren Unterricht bereichern können.

Wir freuen uns, wenn Sie uns zu diesem Buch eine Rückmeldung geben, Ihre Erfahrungen mitteilen oder Verbesserungsvorschläge für vielleicht folgende Auflagen machen.

Senden Sie Ihre Hinweise an den

nds-Verlag

Nünningstraße 11

45141 Essen

oder als E-Mail an

info@nds-verlag.de

Stichwort: Übungen für das Kooperative Lernen

Herzliche Grüße!

Ludger Brüning und Tobias Saum